본서는 내가 몸으로 부딪혀 익힌 걸 풀어놓은 것입니다.
나 혼자 간직하기엔 아까운 체험들이라 함께 나누고자 쓴 책입니다.
『월든 호수』를 쓴 소로에 비하긴 외람스럽지만
그런 뜻으로 읽어주시면 고맙겠습니다.

이젠,
다르게 살아야 한다

이시형 박사의 산에서 배운 지혜

이젠,
다르게 살아야 한다

이시형 지음

이지북
ez-book

차례

프롤로그.8

1장 자연

우리는 하나.15　아메리칸 인디언의 교훈.19　울퉁불퉁 자연의 길.21　흔적을 남기지 마라.24　한여름 저녁 무렵.26　자연은 자연 그대로.29　편리교便利敎의 광신도.33　단절의 문화에서 이어짐으로.36　잡초라는 이름의 풀은 없다.39　낙조 앞에 서면.42　아메리칸 인디언의 기도.44　조각가 지망생 조카에게.46　첫닭이 울면.49

2장 사계

사계절의 축복.55　산에 핀 꽃.58　봄처럼.61　벚꽃이 피면 비가 온다.63　농農천하지대본天下之大本이라.66　여름 숲.70　분수대로.72　가을의 소리.75　어느 날 가을 산에서.77　마을의 수호신, 밤나무.79　나눔의 가을 들판.81　억새의 기품.83　산중의 눈.87　겨울 숲의 침묵.90　아! 사계절 한국의 산야.93

3장 느리게, 작게

자연시간과 인간시간.99   기상이변이 아니라니.102   효율과 인간 소외.104   여백 증후군.107   동반의 흐름.110   절제의 미덕.113   시간 부자.122   그 시간을 아껴?.125   멈추어야 한다.127   많을수록 적어지는 것.129   관조의 시간.132   먹을거리의 의미.134   냉장고를 없애면.136   천천히 여유있게.138   기다림의 축복.141   산행의 기본.144

4장 힐링

걷는다는 것.149   고독에의 시간.153   노마드적 판타지.155   도전 코스의 용사들.157   치열한 삶.160   창조의 샘.163   그의 치료자는?.166   스오미 족의 기도.170   영주의 산골인심.173   허깅 문화.176   산 같은 신부님.178

5장 산행은 명상

산행은 명상이다.183 산행이 명상이라니?.185 뇌과학적 증거.188 단련형 대 수련형.190 지도자가 산에 가야 하는 이유.193 걸음은 뇌를 위해.195 호흡을 조절한다.197 단전호흡.200 명상의 기본.202 숲 속 옛길에 저녁 종소리.205 외로운 사냥꾼.208 가을 구름을 타고.211

6장 입산에서 하산까지

새벽 산을 어슬렁거리며.217 새벽을 열며.219 입산의식을 치르겠습니다.220 몇 가지 과제.222 자연에의 외경심을!.226 바위부터 만난다.228 자연을 느끼는 시간.230 물소리.233 개울가에 앉아.234 바람.236 새벽을 여는 새들.239 꽃을 만나다.241 우주의 기운을.243 대지의 고동을.244 작은 생명체도.247 그늘에 앉아.249 누워보세요.252 낙엽을 밟으며.254 자연 속에 나를 만나는 시간.256 자연의 순리.259 자연과 더불어.261 정상의 야호!.263 태양의 정기를.265 하산에 즈음하여.267

7장 산중의 밤

산중 밤으로의 초대.273 소쩍새 우는 저녁 산골.275 우주의 울림.278 산중의 달.280 달밤 산행.283 산에는 불면증이 없다.286 잠이야 안 오면 축복이지.288 잠자리 들면 감사의 기도가.290 창조적 아이디어가 홀연히.293 산과의 교감이.295 가을밤의 향연.297 자연의 리듬에 따라.299

8장 한강의 기적은 산에서

정상에 섰다. 305 산이 주는 축복.307 이젠 하산할 준비도.310 하산의 의미.312 산의 고독력을 닮자.314 한국의 산이 천재를.316 산으로 돌아갑니다.319 산은 위대한 자연치유자.321 산은 생명 그 자체.323 산골 인정.326 새들은 왜 웃지 않을까?.329 한국의 기적은 계속될 것인가?.332

에필로그.334

프롤로그

내가 체험한 자연 속 힐링·파워

난 얼마전 『나처럼 살지 마라』는 책을 쓴 적이 있습니다. 우리 시대 사람들은 다 그러했지만 특히 내겐 힘든 나날이었습니다. 15세에 한국전쟁이 나면서 열세 식구의 가장 노릇을 해야 했습니다. 앞만 보고 달려온 돌격 앞으로의, 참으로 힘든 질곡의 세월이었습니다.

그러다 덜컹, 내 몸은 완전히 내려앉았습니다. 정확히 46세, 내 무릎은 노인성 퇴행성 관절로 지팡이 신세를 져야 했고, 허리 디스크로 앉지도 못하고, 서맥으로 인한 현기증이 깨나 괴롭혔습니다.

'이대로는 안 된다.' 이젠 내 생활을 다듬을 수밖에 없었습니다. 난 수술도 거부하고, 약을 끊고 생활습관 개선을 통해 건강 회복에 힘쓰지 않을 수 없게 되었습니다. 약 쓰지 않고 스트레스로부터, 병으로부터 우리를 방어해 주는 방어체력증강에 힘을 기울였습니다.

딱하게도 이건 나만의 문제는 아니었습니다. 병원에 장사진을 치고 앉은 환자들도 모두 나와 같은 처지입니다. 저분들이 평소에 조금만 심신을 다듬고 건강에 유념했더라면 저 고생을 안 해도 될 텐데. 자연의학, 생활습관의학 공부가 시작된 건 그때부터였습니다.

과학문명은 편이, 쾌적, 효율을 추구하지만 그로 인한 역기능 또한 만만치 않게 건강상의 문제를 몰고 온 양날의 칼입니다. 우린 거의가 과학문명 중독증에 빠졌다고 해도 과언이 아닙니다. 한 블록을 걷지 않습니다. 지하철 계단은 텅 비어 있고 에스컬레이터엔 긴 줄이 늘어섭니다. 춥다고 히터, 덥다고 에어컨…… 우리 건강이 성할 수 없습니다.

이것이 내가 깊은 산골에 자연의학 캠프를 마련한 시대적 배경입니다. 홍천 산골에 터를 잡고 구상한 지는 족히 10년은 되었습니다. 우여곡절 끝에 힐리언스 선마을이 열린 건 5년 전이었습니다. 그 당시엔 웰빙 붐이었습니다.

그러나 자연 속에 힐링 파워가 있다는 게 내 신념이었고, 이를 의학적으로 활용하자는 게 우리 마을의 목적이요 이념입니다. 자연의학 힐링 캠프라 물론 여기엔 아무런 의학시설이라곤 없습니다. 과학문명의 폐해로부터 인간을 보호하자. 우리 캠프엔 고압전선도 안테나도 없고 출구가 완전히 가려져 있어 밖에 전쟁이 나도 모르는 은거지입니다. 휴대폰도 안 터지고 TV, 라디오, 인터넷, 신문, 아무것도 없는 참으로 재미없는 곳입니다. 하지만 여길 찾는 손님은 그게 무엇보다 좋았다고 합니다. 노마드적, 원시적 향수가 충족되었기 때문입니다. 10년을 이렇게 산속에 사노라니 의학 서적이나 어떤 인문학 서적에서도 배울 수 없었던 참으로 소중한 체험을 하게 되었습니다. 그간 나는 꽤나 많은 책을 썼습니다만 거의가 정신과 에세이였습니다. 하지만 본서는 내가 몸으로 부딪혀 익힌 걸 풀어놓은 것입니다. 나 혼자 간직하기엔 아까운 체험들이라 함께 나누고자 쓴 책입니다. 가끔씩 등장하는 선마을에 대한 이야기는 그냥 자연, 숲이라 읽어주시기 바랍니다. 내가 체험한 걸 풀어쓰자니 많은 시간을 보낸 우리 마을 이야기가 나올 수밖에 없습니다. 『월든 호수』를 쓴 소로에 비하긴 외람스럽지만 그런 뜻으로 읽어주시면 고맙겠습니다. 이 책은 선마을 홍보용이 아닙니다. 고맙게도 이제 선마을은 예약으로 넘쳐납니다. 산이 주는 힐링 파워를 체득한 분들이 늘어나고 있는 게 무

엇보다 고마운 일입니다. 우리나라엔 명산이 따로 없습니다. 어디나
선마을입니다. 그냥 산골이라 읽어주셔야 편합니다.
우리에겐 산이 너무 흔해서 산의 소중함을 잘 모르고 지내는 것 같
습니다. 산은 그냥 바쁘게 오르내리는 걸로는 별다른 의미가 없습
니다. 최소한 며칠은 산에서 묵어야 합니다. 이 한마디로 글을 시작
하려 합니다.

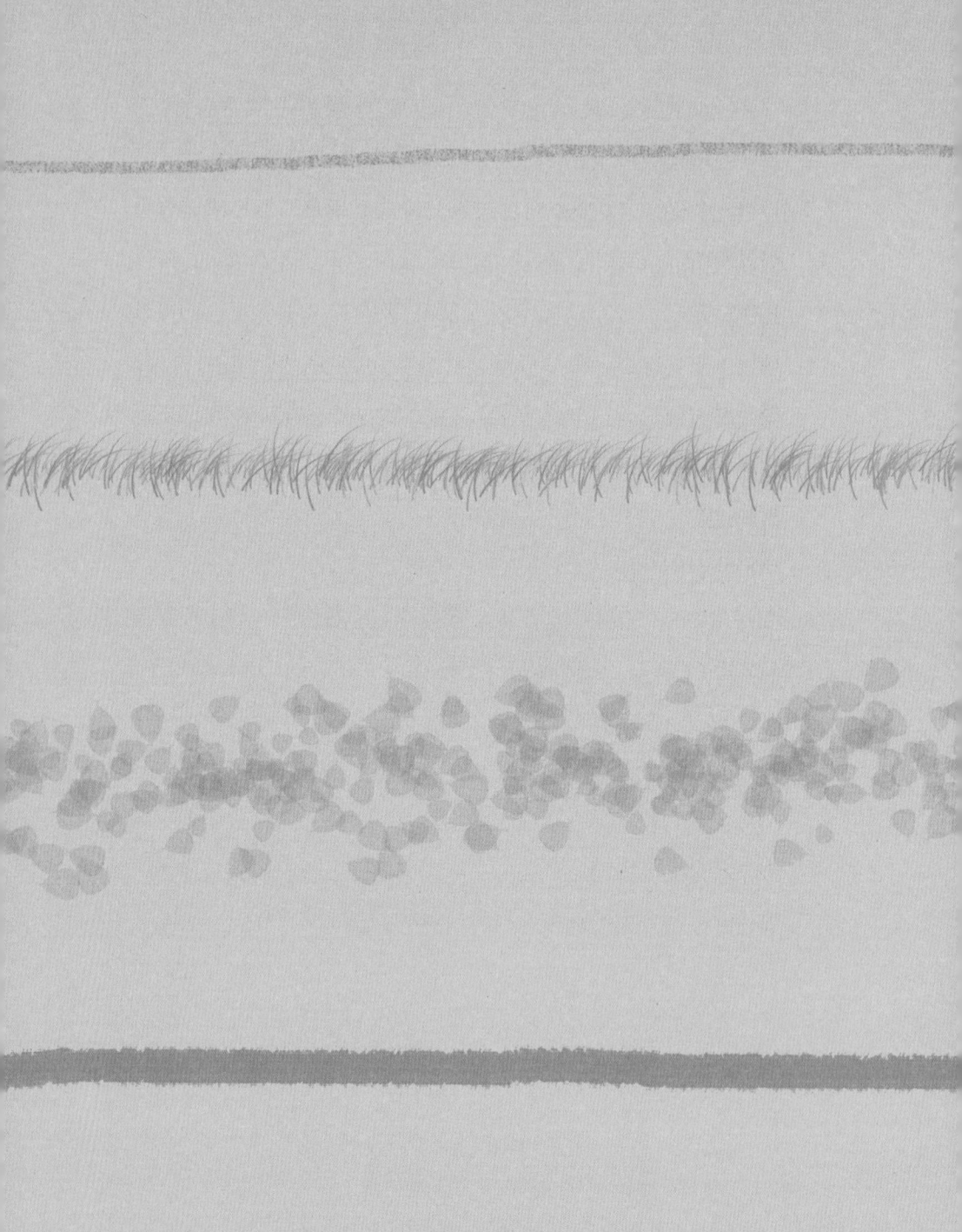

1장

자연

우리는 하나

모든 생물은 대지라는 한 뿌리에서 나온 형제입니다. 생명의 뿌리는 같은 것, 이것이 우주의 근원적 원리입니다.

보셨나요? 이른 봄 얼어붙은 동토를 비집고 새싹이 트는 순간을! 그 가녀린 움이 어떻게 그 무거운 얼음 땅덩이를 받쳐 들고 그 사이를 헤집고 나올 수 있을까요? 더욱 신기한 건 어떤 종이든 싹이 트는 모습은 같다는 사실입니다. 모든 짐승이 엄마 뱃속에서 동그랗게 웅크리고 있듯이. 태초의 상징, 태극 문양도 여기서 비롯된 것입니다.

우리는 한 가족입니다. 오늘 지구상에는 2천만 종이 겨우 남아 살고 있습니다. 그나마 금세기에 또 삼분의 이가 멸종된다니 끔찍한 일 아닙니까? 해서 살아남은 것끼리는 형제처럼 서로 아끼고 친하게 지내야 합니다. 너무 교과서적인 이야기가 되었나요?

하지만 난 아메리칸 인디언 촌에서 이 교훈을 참으로 감명 깊게 새긴 적이 있습니다. 물론 지구상엔 징그러운 놈, 범처럼 무서운 맹수도 있고 파리처럼 귀찮은 놈도 있습니다. 독버섯도 있고 두드러기를 일으키는 식물도 많습니다. 하지만 이들 모두가 생존을 위한 본능적 방어수단입니다. 그러기에 놈들은 지금까지 생존해온 것입니다. 사람이 싫으니까 '넌 안 되겠어.' 하고 사람 마음대로 생각해도 괜찮은 건가요? 해충, 익충이란 말을 쓰기도 조심스럽습니다.

이 모두가 인간 중심에서 비롯된 논리입니다. 이 지구상엔 인간이라는 종만이 살고 있진 않은데……. 위험하고 오만방자한 인간 중심의 생각이 빚은 불행입니다.

아메리칸 인디언은 지구는 하나의 생명체, 서로는 이어진 관계에 있다는 대전제에서 출발합니다. 그리고 이들 생명체는 해와 달, 물, 바람 등 모든 우주적 질서와 밀접한 연관을 갖고 있다는 전제입니다. 여기엔 누가 잘나고 못나고도 없고 위도 아래도 있을 수 없습니다. 만물은 하나라는 대전제. 이를 인류 문화학자는 연속적 우주관이라고 부릅니다. 이들의 자연에의 깊은 사랑과 외경심, 감사는 이런 위대한 철학에서 비롯됩니다.

인디언 마을엔 지금도 의식 끝에 "미다깨오아신(모든 관계에 축복을)!"으로 감사와 기도의 말로 끝맺습니다.

그들은 계속해서 이런 말을 합니다.

"그대는 알고 있는가? 그대와 나, 우리 모두가 같은 지구상에서 같은 숨을 공유하고 있다는 사실을, 그리고 그것에 의해 우리는 서로가 하나인 것을."

만물은 서로 이어져 있습니다.

어디에도 여름이면 하루살이들이 기승을 부립니다. 야외 활동엔 참으로 귀찮은 존재들입니다. 우리 마을에도 깔따구라는 고약한 이름의 날파리가 아주 귀찮게 굽니다. 물지도 않고 실제로 무슨 해를 끼치는 건 아니지만 몇 마리가 앵앵거리며 눈앞을, 귓전을 날아다니는 통에 아주 성가십니다.

이때 선마을 손님에게 해드리는 이야기가 있습니다.

"깔따구가 귀찮으시죠? 소독약을 뿌리면 간단히 해치울 수 있습니다. 그러면 다음은 어떻게 될까요? 그 파장이 다슬기, 산천어까지 멸종시킵니다."

참아야겠지요? 귀찮아하지 마시고 "와! 우린 지금 일급 청정지역에 들어와 있구나. 아! 참 맑고 좋다." 이렇게 생각하시면 한결 편합니다. 깔따구는 일급 청정의 상징입니다.

농약을 뿌리니 논에 메뚜기, 우렁이가 사라졌습니다. 우주는 하나, 만물은 서로 이어져 있다는 이 엄숙한 교훈을 우린 잊기 쉽습니다. 당장 눈앞에 해충을 치우려다 그 파장이 연쇄적으로 일어납니다. 한 마리가 죽는 것이 아니라, 그 종이 그리고 다른 종까지 아주 멸종을 하고 맙니다. 다음은 누구 차례일까요? 생각이 여기까지 미치니 끔찍합니다.

사람 사는 세상도 다르지 않습니다. 뉴욕 나비 한 마리가 날갯짓을 하면 도쿄 주가가 떨어진다는 소리도 있지요? 뭐 그런 비슷한 말이 결코 과장이 아님을 피부로 실감하고 있습니다. 기왕 시작했으니 사이언스 잡지에 난 이야기 하나 요약해 드리고 넘어가겠습니다.

① 지구에 생존하고 있는 모든 생물의 유전자의 기본 원리는 같으며 같은 암호를 쓰고 있다.

② 신체를 구성하는 재료도 공통적인데, 그것은 불과 20종의 아미노산으로 구성된 단백질이다.

③ 필요한 에너지원도 ATP로 같다.

잡지는 다음과 같이 결론짓고 있습니다.

우리가 하찮은 들꽃에, 토끼에 친근감을 갖고 아끼고 사랑하는 것은 우리는 모두 한 가족이기 때문이요, 이런 사실을 본능적으로 알고 있기 때문이다.

이야기가 좀 딱딱하게 되었습니다만, 토끼가 왜 그리 사랑스럽고 귀여운지가 이해되었으면 좋겠습니다.

아메리칸 인디언의 교훈

요즈음 미국에선 '인디언 배우기 운동'이 조용히 번지고 있습니다. 과학문명의 꽃으로 불리는 미국에서 이건 참으로 놀라운 일입니다. 하지만 실은 놀랄 일도 아닙니다. 911테러, 오일 쇼크, 금융 쇼크, 잦은 태풍…… 문명의 위기, 한계에 놀란 미국인으로선 당연한 일인지도 모릅니다. 그간 박해와 억압에 시달려온 아메리칸 인디언도 이제야 제 목소리를 내고 있습니다.

"파멸 직전의 인류를 구제하기 위해 자연 존중의 사상, 맑고 바른 조상의 전통을 가르쳐야 한다."

모호크 생활 공동체의 출발이 그 신호탄입니다. 매사추세츠를 가로지르는 모호크 트레일은 미국에서 단풍이 아름답기로 유명한 곳입니다. 그 이름도 옛날 이곳에 살았던 인디언 부족, '모호크'를 그대로 따온 것입니다. 그 아래 뉴욕주 북쪽에 광활한 토지를 구입, 인디언 보호촌에서 벗어나 자유로운 인디언 공동체를 만든 것입니다. 옛날 조상들이 살았던 그대로의 생활을 함으로써 문명에 찌든 미국인과 세계 인류를 가르치겠다는 것이 이들의 위대한 생각입니다.

이른 봄 첫 딸기 수확에 맞추어 모호크 족 감사제가 열립니다. 근처의 인디언 부족은 물론이고 일반인에게도 공개되는 참으로 의미 있는 축제입니다. 내겐 마치 어릴 적 우리 고향 마을을 연상케 해주는 향수의 마당이기도 합니다. 딱하게도 우린 그 아름다운 전통을 근대화라는 이름으로 내 손으로 다 버렸습니다. 아메리칸 인디언은 그 박해에도 불구하고 아름다운 전통을 그대로 지녀왔다는 데 놀라지 않을 수 없습니다. 축제는 마을 장로의 감사기도로 일관하고 있다는 것이 특징입니다. 분위기를 살리기 위해 그대로 인용해보겠습니다.

> 만물의 갈증을 풀어주는 강과 호수에, 사람의 심신을 맑게 치유해주는 산과 계곡, 야생초에, 매일 아침 즐거운 노래로 태양을 깨워 우리를 따뜻하게 해주는 새들에게, 생물이 호흡하는 생명의 바람을 일게 하는 나무에, 비를 내리게 하는 천둥에…… 그리고 모든 자연에 축복과 감사의 기도를 올립니다.

얼마나 아름답고 순수합니까. 참으로 깊은 의미를 담고 있습니다. 과학문명 중독에 시달리고 있는 현대인에게 따끔한 경고가 아닐 수 없습니다.

내가 미국 유학 중에도, 그리고 요즈음도 아메리칸 인디언촌을 자주 방문하는 이유는 어릴 적 향수 때문만은 아닙니다. 나도 모르게 젖어버린 과학문명에의 타성을 일깨우고자함입니다.

울퉁불퉁
자연의 길

강변 자갈길은 신발을 신어도 걷기가 쉽지 않습니다. 맨발로 걷는다는 건 발바닥이 아파서 더구나 힘듭니다. 그래서일까요? 우린 울퉁불퉁한 자연길에 아주 공포증을 가지고 있습니다. 도시는 물론이고 산골까지 온통 편하게 만들어버렸습니다. 언덕도 싫어서겠죠. 터널까지 뚫어가며 편하고 쉽게 만들어놓았습니다. 그것도 모자라 아예 아스팔트로 떡칠을 해놓아 빗물도 땅으로 스며들지 않게 꽉 막아버렸습니다. 도심엔 지하수 고갈로 나무도 비실비실합니다. 공해만이 아닙니다. 땅에 물이 말라버린 것입니다.

우리는 땅을 평평하게 만드는 데 광적입니다. 그걸 개발이라고 믿고 있습니다. 걷기야 편해졌습니다. 아스팔트는 맨발로 걸어도 거칠 게 없습니다. 하지만 그 길을 맨발로 걷는 사람은 없습니다. 신발 자랑이라도 해야 하니까요.

인간은 흙으로부터 멀어지면서 약해지고 정서적으로 불안정해지기 시작했습니다. 대지는 생명 그 자체입니다. 맨발로 땅을 밟으면 엄청난 대지의 생명력이 그대로 몸에 전해집니다. 흙에 털썩 주저앉아 보세요. 그지없이 마음이 편안해집니다. 모母적인 대지에 안긴 아늑함이 온몸에 넘칩니다.

한국은 고층빌딩이 유행입니다. 좁은 땅이라는 이유만은 아닌 것 같습니다. 높이 오르면 전망도 좋고 모든 걸 내려다보는 우쭐함도 있겠지요. 하지만 거기서 자란 아이들의 정서가 더 불안하다는 연구보고도 있습니다.

보셨나요? 선수들이 경기 후 신발을 벗어들고 트랙 도는 모습을! 끝난 후의 해방감과 함께 조인 신발에서도 해방되고 싶어서겠지요, 그러나 무엇보다 대지를 밟고 걷는 편안함이 더 클 것이라 생각됩니다. 긴장과 스트레스에 시달려 온 사람의 본능적 반응이기도 합니다. 맨발로 맨땅을 밟으면 세상살이, 도심 걱정이 말끔히 땅으로 씻겨 내려갑니다. 기억하십시오. 하늘이 쩡쩡 갈라지는 번개도 대지는 순식간에 중화시켜버린다는 사실을. 하물며 사람의 사소한 근심이랴. 모든 부정적인 생각을 어스Earth시키십시오. 순간 마음이 편안해집니다. 그게 대지의 힘입니다. 울퉁불퉁, 불규칙적인 것이 자연입니다. 그것이 사람 마음을 편안하게 해줍니다.

도심의 아스팔트길, 바둑판처럼 질서정연한 그 길에 싫증이 난다는 사람도 적지 않습니다. 의식이 있는 사람이면 그렇습니다. 그러면서도 울퉁불퉁한 자연 그대로의 흙길 역시 싫어합니다. 아이러니죠?

우리 마을엔 맨발로 걷는 시간이 마련되어 있습니다. 사람들은 뒤꿈치를 들고 마치 가시밭길이나 걷듯 걸음걸이가 조심스럽습니다. 푼다는 것이 더 긴장을 주는 결과가 되어버렸습니다. 흙으로 된 아름다운 꽃길을 두고 굳이 아스팔트를 걸어가는 사람들을 보면서 도시인의 비애를 느끼는 것은 나만의 감상일까요?

흔적을 남기지 마라

모#적인 대지에 발자국을 남기지 마라.

아메리칸 인디언이 남긴 가장 위대한 교훈입니다.

백인들이 건너오기 전, 미 대륙엔 천 개 부족의 아메리칸 인디언이 수백만 년을 살았다고 합니다. 한데도 이들이 살았던 흔적은 어디에도 없습니다. 지금도 도시만 벗어나면 광활한 대륙이 끝없이 펼쳐집니다. 어쩌다 아주 생경스런 이름의 도시나 호수 이름을 만나게 되는데, 이게 거기 살던 부족이나 추장의 이름을 딴 것들입니다. 그 외엔 흔적이 없습니다.

언젠가 여행 중에 국립공원이란 간판만 보고 찾아간 적이 있었습니다. 어느 나라나 국립공원은 자연경관이 일품입니다. 잔뜩 기대를 하고 갔지만 허허벌판에 지렁이같이 생긴 민둥한 작은 동산 같은 게 전부였습니다. '에게게~ 이게 국립공원이라니!' 앉아 도시락 먹을 자리도 변변히 없었습니다. 간판의 설명을 보니 이게 옛날 인디언의 무덤이라는 것입니다.

'미국은 워낙 역사가 짧아 이나마 유적이라고 국립공원으로 지정했나 보다.'

5천 년 우리 역사가 은근히 자랑스러웠습니다.

아메리칸 인디언은 사는 흔적을 남기지 않습니다. 하지만 백인들은 어떻게든 흔적을 남기려고 안달입니다. 서부 영화의 장면들이 눈에 선합니다. 마차를 타고 서부로, 서부로, 땅을 차지하기 위해 필사적으로 달립니다. 그리곤 울타리를 치고 내 이름으로 문패를 달고 소위 개발을 시작합니다. 자연 그대로 두고는 못 배기는 고약한 성미입니다. 아스팔트를 깔고, 철근에, 콘크리트 집, 어떻게든 두고두고 오래 남는 흔적을 남기려고 무척 애를 씁니다. 이게 문명의 속성입니다. 자연에 흠집을 내고, 바꾸고 개발해야만 과학문명이 성립될 수 있는 걸까요? 이것이 미국 서부 개척정신의 표상입니다. 프런티어 정신, 문명이란 이름으로 미화된 것이 미국 백인 정신입니다. 아메리칸 인디언이 정말 이해 못하는 건 이 점입니다.

우리 마을 좁은 골짝에도 예전엔 십여 가구가 살았다고 합니다. 하지만 60년대 군사작전상 주민들을 이주시킨 이래 비어 있는 땅이었습니다. 우리 마을을 정하고 돌아보니 흔적이라곤 아무것도 없고 밭이나 집터만 겨우 남아 있을 정도였습니다. 우린 옛터에 그대로 겨우 집을 지었습니다. 흔적을 남기지 않으려 무진 애썼습니다. '자연을 자연 그대로'라는 기본 철학이 그대로 살아 있게 했습니다.

1장. 자연

한여름 저녁 무렵

산에 사노라면 대답하기 난처한 질문을 더러 받게 됩니다. '여긴 언제가 좋으냐?'도 그 가운데 하나이지요. 어느 계절이 좋으냐? 라는 뜻인데, 글쎄올시다. 사람에 따라 봄이 좋다, 여름이 좋다는 이도 있긴 하지만 산은 정말이지 언제 와도 좋습니다. 계절마다 정취가 다르기 때문입니다. 이게 사계가 주는 축복입니다. 더구나 잡목림으로 우거진 우리 산은 계절의 변화가 너무 다양해서 거기서 풍겨 나오는 야취가 아주 독특합니다.

하지만 굳이 따진다면 어느 계절이라기보다 어느 시간이 좋으냐에는 답변할 수 있을 것 같습니다. 가령 한여름의 저녁, 지금 같은 시간입니다. 한여름 뙤약볕은 어디라고 예외가 없습니다. 더구나 여긴 공기가 맑아서 자외선까지 센 탓인지 한나절엔 사람들도 맥을 못 춥니다. 자연히 그늘을 찾게 됩니다.

'여름은 덥다,' 누가 이걸 시비하랴. 더운 대로 참고 견딜 수밖에 없습니다. 힘들긴 하지만 그래야 부신피질의 방어 호르몬이 분비되고, 면역력을 증강시켜 줍니다. 우리 선마을에 에어컨은커녕 선풍기도 없는 까닭이 여기 있습니다.

그렇습니다. 그렇다 치더라도 여름 한나절은 정말이지 고역입니다. 그래서일까요? 앞산 그늘이 마당에 깔리는 저녁 무렵이 그렇게 편안할 수 없습니다. 후유~! 살았다 싶은 기분마저 드는걸요. 차 한잔 들고 밤나무 그늘에 앉아 산기슭을 바라보노라면 내 마음의 뜰에 신선한 기운이 감돌아 흐르는 걸 느낄 수 있습니다. 한낮에 시들했던 숲이며 채소, 꽃들이 다시 기가 살아나 싱싱한 자기 색깔을 내기 시작합니다.

여름의 숲은 그 푸르청청한 기운으로 하늘, 아니 흰 구름까지 온통 푸른 물감으로 물들이지만 한나절 뙤약볕 아래선 맥을 못 춥니다. 빛이 바래고 윤기도 잃고 맙니다. 마당의 채소, 꽃들도 예외가 아닙니다. 한낮엔 어쩐지 새들도 숨을 죽이고 있습니다.

하지만 저녁 무렵이면 만물이 조용히 일어나기 시작합니다. 조용히 기지개를 켜고 생동하기 시작합니다. 그제야 숲도 숨을 쉬기 시작합니다. 어디선가 기죽어 숨어 있던 산들바람이 어슬렁 걸음으로 일렁이기 시작합니다.

이런 순간입니다. 여름날의 숲 속 진수는 역시 저녁 무렵입니다. 신비스런 아름다움의 절정입니다. 감동의 깊이가 더합니다. 앞산 그늘이 조용히 마당에 가라앉으면 공기도 가라앉고 마음도 가라앉습니다. 갑자기 사방이 조용히 가라앉아 깊은 정적의 늪으로 빠져드는 것 같습니다.

아! 이 편안함. 아늑함. 이건 산에 살면서 한낮의 더위를 견뎌낸 자만이 맛볼 수 있는 축복입니다. 하루의 아름다움은 저녁이 되어야 알 수 있다는 프랑스 사람들의 깊은 정서가 이해됩니다.

오늘 저녁은 마당에 멍석을 깔고 모깃불 풀 향기를 맡으며 칼국수를 말아 먹으리라. 어스름한 어둠이 제법 짙어졌는지 이른 소쩍새가 산 깊숙히에서 울기 시작합니다. 적막한 산골의 정적을 더욱 깊은 정적으로 가라앉게 합니다. 좁은 산골 소쩍새 한 마리의 울음이 지금 이 순간 우주의 울림으로 꽉 차옵니다.

자연은
자연 그대로

풍수지리를 모르는 사람도 선마을을 둘러보면 부러운 찬탄을 쏟아 놓습니다. 어떻게 이런 곳을 찾았느냐? 감탄을 합니다. 한데 다음은 난처한 질문입니다. 부지가 얼마나 되느냐, 언제 샀느냐, 얼마에 샀느냐, 지금은 얼마나 올랐느냐…….

내겐 별 관심도 없는 질문들이라 적당히 얼버무리고 넘어갑니다만, 그때마다 떠오르는 생각이 있습니다.

1850년대니까 그리 먼 이야기도 아닙니다. 당시 미국 피어스 대통령이 인디언 추장 시애틀에게 시애틀 근교 땅을 팔라고 간청을 합니다. 말이 간청이지 총칼을 든 자의 협박입니다. 다음은 추장이 대통령에게 보낸 편지 내용입니다.

땅을 팔고 사다니요? 땅에 주인이 있어야 사고팔지요. 대지는 어느 누구에게도 소속될 수 없습니다. 우리 인류가 공통으로 오랜 세월 가꾸고 땀 흘려 일군 삶의 터전입니다. 우리가 살다 묻힐 곳도 여기입니다. 어떻게 저 하늘을, 이 맑은 공기를 팔 수 있습니까? 해맑은 아침 이슬하며 빛나는 모래사장, 어두침침한 숲의 안개, 노래하는 곤충, 어느 것도 우리는 소유할 수 없습니다. 우리가 소유하지 않은 것을 우리가 어떻게 팔 수 있겠습니까?

당신들의 도시엔 봄에 나뭇잎 스치는 소리, 곤충 날개가 부스럭거리는 소리가 들리나요? 소음뿐이겠지요? 한낮에 비 오는 소리, 호수 수면으로 불어오는 바람의 부드러운 소리를 우리는 좋아합니다.

모든 생물은 자연이 베푸는 향연을 즐길 권리가 있습니다. 개구리도, 참새도. 들소들이 모두 살육되고 야생마가 길들여지고…… 숲속의 신성한 구석들이 인간 냄새로 손상된다면…… 그건 삶의 종말이며 죽음의 시작입니다.

총칼을 들고 사겠다니 내놓을 수밖에 없습니다. 그러나 부탁이 있소. 당신에게 넘겨준 후에도 우리가 이 땅을 사랑하듯 사랑하고, 우리가 보살피듯 보살피고…… 당신의 자녀들을 위해서도 보호하고 사랑하시길.

아! 하지만 오늘의 시애틀은? 시애틀 추장의 이름만 남았지 그가 그토록 간곡히 부탁한 건 자취 없이 사라졌습니다. 개발이라는 이름으로, 문명이라는 이름으로.

짐승들이 없는 곳에서 인간은 무엇이겠습니까? 짐승들에게 일어난 일은 인간에게도 일어납니다. 당신의 잠자리를 계속 오염시키면 당신은 쓰레기 더미 속에 숨이 막힐 것입니다.

역시 시애틀 추장이 남긴 경고의 한 구절입니다.

백인들에게 땅은 약탈의 대상입니다. 게걸스런 탐욕으로 정복하고 다 먹어치우면 남는 건 사막뿐입니다. 대지가 풍요로울 때 인간의 삶도 풍요롭습니다. 시애틀 추장의 편지를 읽노라면 문명 천지에 산다는 게 얼마나 조심스러운지 가슴에 손을 얹게 됩니다.

선마을을 지으면서, 그리고 지금도 내 머릿속엔 어느 한순간도 시애틀 추장의 엄한 경고가 떠나본 적이 없습니다. '원시의 자연, 절제된 개발'이라는 이 엄한 균형이 깨지지 않도록 나뭇가지 하나 자르는 데도 손이 떨립니다. 자연의 섭리에 상생, 공생, 보탬이 안 되는 것이라면 우리는 일체의 인공을 배제하려고 노력하고 있습니다.

우리는 잠든 숲을 깨우지 않습니다. 조용히 잠든 산짐승들의 새벽 단잠을, 그리고 달콤한 낮잠도 깨우지 않습니다. 배경음악도 풍경도 자연의 운치를 한결 더할 수 있는 게 아니면 하지 않습니다.

요즈음 미국에도 자연을 자연 그대로 지키려는 의지가 대단합니다. 늦었지만 다행입니다. 요세미티 국립공원의 상징인 반원 돔 아래엔 돔이 비친다고 해서 '그림자 호수 Shadow Lake'라 불리는 아름다운 호수가 있습니다.

그러나 위에서 내려오는 토사로 인해 호수가 반 이상이나 메워져 보는 이의 마음을 안타깝게 합니다. 하지만 그 옆에 작은 글귀가 아쉬운 마음을 달래줍니다.

여러분, 보다시피 이 아름다운 호수는 금세기 내에 토사로 인해 자취 없이 묻혀버립니다. 안타깝기는 하지만 '자연은 자연 그대로가 자연이므로'.

하긴 그렇습니다. 불도저를 들이대면 한나절 작업으로 호수는 거뜬히 제 모습을 찾게 됩니다. 하지만 자연의 생성조화를 그대로 진행되게 두자는 것, 여기에 미국의 위대한 혼이 깃들어 있습니다.

시애틀 추장의 간곡한 기도가 지금 첨단의 문명국, 미국의 양심을 조용히 흔들어 깨우고 있습니다.

편리교便利敎의 광신도

차로 가면 빠르고 편합니다. 하지만 차 때문에 잃는 게 더 많습니다. 교통사고뿐인가요, 대기오염으로 병사하는 사람이 교통사고로 죽는 사람보다 더 많습니다. 오일쇼크는 잠자던 다른 물가까지 자극, 생활 전체를 흔들어버립니다.

도로 때문에 자연 파괴는 또 얼마나 심각합니까? 길가에 핀 들꽃, 뺨을 스치는 산들바람, 반가운 사람과의 따뜻한 인사…… 차로 휙 지나가버리면 이 모든 정겨움을 다 잃게 됩니다. 그리고 건강까지. 그래도 우린 상관하지 않습니다. '자동차'라는 편리교의 광신도가 되어버렸기 때문입니다.

하지만 고맙게도 차츰 편리교 망상에서 깨어나고 있습니다. 꽉 막히고 갇힌 도심에서 벗어나 불편해도 자연으로 돌아가려는 향수가 해가 갈수록 더 짙어져가고 있습니다. 편리함의 허구에서 벗어나 불편을 감수하는 즐거움을 찾겠다는 겁니다. 의도적인 불편함입니다. 편리함을 쫓다 오히려 우리 삶에서 잃어버린 참으로 중요한 많은 것들을 다시 찾아야겠다는 의지이기도 합니다.

즐거운 불편, 즐거운 피로, 즐거운 위험, 즐거운 부족함…… 이 모두가 편리교의 허구에 대한 반발입니다.

선마을은 기본적으로 체험 위주이지만 필요한 강의를 빼놓을 순 없습니다. 사람들은 모처럼 찾아온 자연을 두고 컴컴한 강의실에 들어오는 것 자체를 싫어합니다. 하긴 그렇습니다. — 자연이 모두 교실인데 무슨 학교를, 강의실을 따로 만들어야 했을까요? 애초 나의 실수였습니다.

아메리칸 인디언이 백인들의 행태를 이해할 수 없는 것도 이 점입니다. 하늘 그리고 대지 위의 모든 것이 책이며 스승인데 왜 학교를 따로 지어야 합니까?

　　　벼는 익으면 고개를 숙인다.

이것도 자연이 주는 교훈입니다.

선마을 숲 속 엉성한 강의장을 마련한 것도, 그리고 산에 올라 자연명상, 낙조명상을 하는 사연도 도시인에게 잃어버린 자연을 돌려주고자 함입니다.

우리는 그간 너무 자연과 떨어져 있었습니다. 우리 손으로 그렇게 만든 것이죠. 그게 문명이고 그게 잘 사는 길이라고 생각했습니다. 그래서 언제부터인가 우리에게 자연은 낯선 것으로 되어버렸습니다. 풀이나 꽃 이름, 나무 이름도 잘 모릅니다. 그냥 잡초라고 부르지만 잡초란 이름의 풀은 없습니다. 오늘 밤 달이 얼마나 밝은지를 생각해본 도시인은 없습니다. 달이 떠도 보이지도 않거니와 달인지 조명인지 분간도 되지 않습니다.

달이 주는 포근한 정서를 잃은 지 오래되었습니다. 그리곤 메마른 도심이라고 한탄합니다. 심성이 너무 거칠고 황폐해가고 있습니다. 선마을에서는 음력 초닷새부터 열흘간 달빛만으로 생활하게 됩니다. 밝은 전기에 익은 눈엔 처음 얼마 동안은 불편합니다.

조금만 익숙해지면 아, 그 포근함이라니. 달빛이 만든 내 그림자와 함께 거닐어본 적이 언제였나요? 동화의 세계를 거니는 환상적인 분위기에 놀라게 됩니다. 전깃불 하나 없는 달빛만의 세계. 한국의 어느 골짝을 가도 이런 태고연한 곳은 그리 흔치 않습니다. 달이 아무리 밝아도 달리기는 못합니다. 차분히 걸을 수밖에 없습니다. 마음도 차분해집니다. 달은 우리 마음을 조용히 가라앉혀줍니다. 전등을 끄고 촛불만 켠 아늑한 식당 Candle Dinner, 설마하니 어둡다고 불평하시진 않겠지요?

단절의 문화에서
이어짐으로

하룻밤을 묵고 나면 사람들은 습관적으로 조간신문을 찾습니다. 찾아도 없습니다. 그러면 우리가 만들 수밖에 없습니다.

팀을 나누어 오늘 아침 헤드라인 기사가 어떤 것인지를 맞추는 게임을 합니다. 그리곤 진짜 조간신문과 비교해봅니다. 똑같습니다. 뻔한 이야기들이라는 데 모두가 놀랍니다. 하지만 진짜 놀라게 되는 건 다음입니다. 이 게임의 승자는 누구일까요? 가장 못 맞힌 팀이 승자입니다. 잘 맞힌 팀은 마음이 아직 도심에 있다는 증거입니다. 선마을엔 신문은 물론이고 TV, 라디오, 비디오도 없고 휴대폰도 터지지 않습니다. 정보공해로부터 해방되자는 취지만은 아닙니다. 몸이 왔으면 마음도 함께 산속에 푹 빠져야지요. 그리하여 자연으로부터 보고 듣고 배우는 것만으로 살아가는 데 별 모자람이 없다는 걸 체험해보자는 겁니다. 그럴 때 비로소 우리는 자연과 하나가 되고 그간 도심에서 떨어진 자연과 다시 이어지게 됩니다. 우주 만물은 따로따로가 아니고 서로가 이어져 있습니다. 이걸 의식할 때 비로소 우주 만물에 사랑과 감사를 드리게 됩니다.

복잡한 도심의 인파 속을 걸어가는 내 모습을 상상해보십시오. 이 많은 사람 중에 '나 홀로 달랑!' 이라는 생각이 드는 순간 아찔해집니다. 군중 속의 고독이란 말도 그래서 생겨났겠지요. 현대 과학 문명은 단절의 문화를 만들어냈습니다. 나 홀로 차로 출퇴근, 사무실에서도 컴퓨터와 혼자, 귀가 후 가족과도 한자리에 앉아보기가 쉽지 않습니다. 어쩌다 가족이 함께 TV 앞에 앉아도 서로는 따로입니다. TV를 꺼야 비로소 대화가 오가고 한 가족이 됩니다.

라인에 앉아 똑같은 부속을 온종일 만드는 공장의 직공은 이게 어디에 쓰이는지도 모릅니다. 옆 사람과 대화할 겨를도 없습니다. 바쁘게 점심을 먹으면서 이 밥이 어떻게 여기까지 왔는지도 잘 생각해 보지 않습니다. 많은 사람들의 따뜻한 손길이 이어져 여기까지 왔거늘. 현대의 분업화, 전문화 시대의 맹점은 여기에 있습니다. 서로가 떨어져 제 할 일만 하면 밥은 먹게 됩니다. 모두가 혼자일 뿐 이어짐이 없습니다.

산속 생활은 자급자족입니다. 농사짓는 사람 따로, 운반하는 사람 따로 있지 않습니다. 파는 사람, 사는 사람도 물론 따로 없습니다. 모든 걸, 모든 과정을 제 손으로 해야 합니다. 따라서 농작물의 상태를 자세히 관찰, 연구하지 않으면 안 됩니다.

언제 어떻게 씨를 뿌려야 할 것인지 물은 얼마나 줄 것인지 해와 달이 돌아가는 것, 바람, 기온, 새, 벌레의 움직임…… 이 모두가 따로가 아니고 하나로 이어져 엄격한 질서에 따라 움직이고 있다는 사실에 놀라게 됩니다.

인간도 물론 그중의 하나입니다. 서로가 이어져 있다는 것을 체험할 수 있을 때, 비로소 하찮은 것에도 소중함을 느끼게 됩니다. 어느 하나도 소홀히 할 수 없기 때문입니다.

이 세상 모든 게 소중하고 귀한 존재들입니다. 사랑과 함께 감사를 느끼게 되지 않을 수 없습니다. 기억하세요. 우리는 서로 이어져 있습니다.

잡초라는 이름의
풀은 없다

선마을엔 봄이면 나물 뜯기가 한창입니다. 도시인들이 뜯는 나물은 가짓수가 몇 안 됩니다. 제일 흔한 게 쑥이고 돈, 치, 비듬, 냉이가 고작입니다. 한데 우리 아랫마을 아주머니들 바구니엔 이름 모를 갖가지 나물이 가득합니다.

"이것도 먹습니까?"

"그럼요. 살짝 데쳐서 된장에 찍어 먹으면 입맛 돋우는 데 그만이에유."

종류도 다양하지만 어떻게 먹어야 좋은지 조리법까지 훤합니다. 그런가 하면 무슨 병에 좋다는 것까지 줄줄이 꿰고 있습니다. 난 정말이지 그 해박한 지식에 놀랐습니다. 그러고 보니 우리 산야 지천에 널린 풀들 어느 하나도 식용, 약용이 아닌 것이 없습니다. 그야말로 자연의 약국입니다.

한데도 도시인은 길가에 지천으로 널린 풀에는 눈길 한 번 주지 않고, 싱싱하지도 몸에도 좋지 않은 슈퍼의 나물은 비싼 돈 주고 사먹습니다. 내가 정말 놀란 것은 요즈음 고급 레스토랑의 샐러드입니다. 무슨 대단히 귀한 식자재도 아닙니다. 그냥 들에 흔하게 나는 야생초의 혼합입니다. 들에 나가면 잠시 한 바구니 뜯을 수 있는 것들을 그렇게 비싸게 받다니, 비싸야 할 이유가 있다면 그 큰 접시 값이나 몸에도 안 좋은 드레싱 값일 텐데. 도시인들은 왜 자연에 눈을 돌리지 않는 걸까요.

식물을 화분에 옮겨 심어 이름을 붙이고, 리본 하나 걸면 엄청 비싼 돈으로 팔려 나갑니다. 그걸 사들고 행복한 웃음을 짓는 도시인이 마냥 신기합니다.

독초도 먹는 방법을 알면 어떤 증상에 좋은지, 우리 조상의 경험으로 연구해온 수천 년의 역사가 있습니다. 지천에 널린 약용식물을 외면한 채 가공품 심지어 화학약품에까지 비싼 의료비를 내고 있습니다.

정원을 가꾸어도 잡초는 말끔히 제거합니다. 베어내고 농약까지 뿌려댑니다. 그것을 정원을 가꾸는 기본으로 알고 있습니다. 물론 농사도 다르지 않습니다.

자연과 함께 사는 아메리칸 인디언의 사전엔 잡초란 이름의 풀은 없습니다. 우리가 하찮고 귀찮다고 뽑아내버리는 잡초에게도 아름다운 이름이 있습니다. 그건 우리라고 다르지 않습니다. 야생화 이름이 얼마나 아름답고 귀여운데요. 이름만으로도 정이 가는걸요. 웃기는 이름도 있고 철학적 뉘앙스가 풍기는 고급스런 이름, 한국적 해학이 담겨 있는 정겨운 이름들입니다. 지금 내 책상 위에는 '범의귀'

와 '노루오줌'이 나란히 놓여 있습니다. 한국의 어느 산야든 자연이 베푸는 천연 슈퍼마켓이 열려 있습니다. 신선한 자연산입니다. 모두가 공짜입니다. 산에 사노라니 야생식물과도 참 가까워지게 됩니다. 이른 봄 양지바른 언덕에 난 나물은 어찌나 향이 짙고 맛이 진한지 도심의 고급 레스토랑이 우습기만 합니다.

옛날 산골에 살았던 우리 조상네의 소박한 밥상이 세계 최고의 건강 밥상이란 사실을 아는지요. 최근 식품영양학회 평가에 의하면 우리 밥상이 인간에게 필요한 5대 영양소가 완벽하게 균형 잡힌 식단이라는 사실이 인정되었습니다.

한국 밥상을 영양학적으로 분석해본 모형입니다.

한국전통식 상차림

이보다 더한 건강식, 다이어트식도 없습니다.

낙조 앞에 서면

우리 마을 노을길 따라 낙조대에 올라서면 홍천강 백리 너머로 석양이 집니다. 그날 저녁 노을은 너무도 황홀했습니다. 대자연이 펼치는 경이로움에 숨이 막힙니다. 자연이 아름답지만 온 하늘에 불타는 석양 노을만큼 화려 장엄한 게 또 있을까요? 완전히 넋을 잃었습니다. 아스라한 노을이 지고 이제 어둠의 장막이 조용히 내려앉기 시작합니다. 그제야 정신이 들어 하산길에 나섭니다.

하지만 숲 속은 벌써 깜깜, 지척이 잘 보이지 않습니다. 노을길은 능선길이라 더듬거리며 내려왔지만 그 다음 경사길은 급하고 깊은 숲속이어서 한 발자국 내디딜 수가 없습니다. 이렇게 늦게까지 산에 있을 생각이야 못했지요, 손전등도 없고 으스스 춥기도 하고 무서운 기분마저 들었습니다.

엉덩이를 땅에 붙이고 발을 밀면서 어림짐작으로 더듬어 내려갔습니다. 이윽고 마을, 온몸은 땀범벅. 후유~ 살았다 싶었습니다.

하지만 참 이상하게도 하산길 줄곧 내 머릿속엔 시베리아의 그 착한 농부 생각으로 가득 찼습니다. 낙조에 취해 끝내 이리 밥이 되어버린 아름답고 슬픈 이야기가 맴돌아, 힘들긴 했지만 그날 저녁 참으로 행복했습니다.

시베리아 벌판에 착한 농부가 살았습니다. 해가 뜨면 밭에 나와 일하고 해가 지면 집으로 돌아가는 착한 농부였습니다. 그날도 온종일 일한 농부, 문득 뒤돌아보니 거대한 태양이 막 지평선 너머로 지고 있었습니다. 그날 따라 너무나 아름답고 황홀했습니다. 농부는 순간 들고 있던 삽을 놓고 지는 해를 향해 걷기 시작합니다. 거대한 태양 속으로 빨려들 듯, 들을 가로질러 내를 건너 숲 속을 지나 끝없이 갑니다. 해가 지고 아름다운 황혼이 하늘 가득히 펼쳐집니다. 농부는 이 장엄한 자연에 취해 계속 그쪽을 향해 가고 있습니다. 이윽고 사방이 어두워집니다. 춥고 배고프고 지친 농부는 끝내 쓰러지고 이리떼의 밥이 되고 맙니다.

러시아의 정신과 동료는 이런 현상을 '시베리아 히스테리'라고 불렀습니다. 끝없이 펼쳐진 시베리아 벌판, 황홀한 낙조 앞에 넋이 나간 몽환의 상태. 히스테리 발작이 일어날 만합니다. 학술적 진단으로 틀리진 않습니다. 하지만 이걸 정신과적으로 진단하기엔 너무나 슬픈, 그러나 아름다운 이야기가 아닐 수 없습니다.

아메리칸 인디언의 기도

아메리칸 인디언이 도저히 이해할 수 없는 백인의 행태는 많습니다. 나무를 잘라 교회 건물을 크고 두껍게 짓는 것도 그 중의 하나입니다. 천장까지 저렇게 두껍게 얹어 놓고 그 밑에서 하는 기도가 과연 하늘에 닿을까요? 그리고 무엇을 위해 기도하고 노래 부르는지도 인디언에겐 무척 궁금한 것들입니다. 도대체 백인이 왜 기도를 해야 하는지부터 이해가 가지 않습니다. 힘을 비는 걸까요? 그렇다면 나무를 자르지 말고 그 나무 밑에 앉아 빌면 나무가 힘을 줄 텐데. 그리고 더 이상한 건 총을 든 자가 무슨 힘이 더 필요해 기도를 할까요? 그렇게 잘났다고 오만방자한 자가 누굴 위해 무슨 기도를 할까요? 인디언의 상식으로는 교만하거나 거만한 자는 기도를 하지 않습니다. 제멋대로 안 된다고 불평불만인 자도 기도를 하지 않습니다. 뭐든 제멋대로 할 수 있다는 자도 물론 하지 않습니다. 할 필요도 없습니다. 참는 자만이 기도를 합니다. 기도가 참고 견딜 수 있는 힘을 주기 때문입니다. 사랑하는 사람, 감사할 줄 아는 사람도 기도를 드립니다. 그러나 사랑받기만을 원하는 사람, 감사도 모르는 사람은 기도를 하지 않습니다.

자연의 아름다움, 자연이 베푸는 은혜에 감사를 드리고 자연에의 외경심이 깊은 사람은 절로 기도가 나옵니다. 하지만 개발이라는 이름으로 자연을 파괴하는 자로부터 어찌 기도가 나올까요?

아메리칸 인디언에겐 자연의 어느 하나에도 사랑이 가지 않는 게 없고 고마운 마음이 깃들지 않은 게 없습니다. 그들에겐 삶이 기도요, 산과 들, 강 어디에든 삶의 터전이 바로 엄숙한 기도장입니다.

신대륙 발견, 이것도 아메리칸 인디언의 웃음을 자아내게 하는 말 가운데 하나입니다. 수만 년 이 땅에 살아온 우리를 두고? 어쨌거나 이 기름진 땅을 찾았으니 개척정신이라는 기치를 들고, 온 세계에서 온 갖 민족들이 다 모여들기 시작했습니다. 언어, 풍습, 종교가 모두 다른데도 딱 한 가지 '개척'이라는 깃발은 하나입니다.

'개척이라니? 그래서 어쩌겠다는 건가. 개척의 종말이 어떻게 될 것인가를 생각이나 해본 적이 있는지?'

개척이라는 이름으로 기세등등했던 백인들이 이러한 인디언의 의문에 어떻게 대답했는지는 잘 알려져 있지 않습니다. 지금껏 누구 하나 설명을 하겠다고 나서는 자도 없는 것 같습니다.

조각가 지망생
조카에게

미국에서 살다 귀국한 조카가 인사차 찾아온 게 진로 상담이 되어버렸습니다. 자기는 조각이 하고 싶은데 어떠냐고 물었습니다.
왜 하필 조각이냐?
"이젠 그림이나 사진 같은 평면적인 시대는 끝났어요. 아바타를 보세요. 이젠 3D, 4D 입체시대입니다. 아이들은 평면에 지쳐 있어요."
그렇구나, 넌 확실히 한 시대를 앞서보고 있는 점이 참 든든하고 마음에 든다. 입체의 시대가 온다, 나도 그 말에 깜짝 놀랐다. 한데 네가 조각을 전공하겠다니 내 생각을 한마디 붙여주고 싶네. 난 예술에는 네 알다시피 문외한이야. 그러나 어떤 예술 분야보다 조각만큼 조심스럽고 힘든 작업은 없을 것이라는 게 내 생각이야. 다치기라도 할까 봐 하는 소리는 아니야. 내 기본적 생각부터 말한다면, 바위는 제가 있는 자리에 제 생긴 대로 있는 게 가장 아름답다고 생각해. 반예술적이라고 웃진 말게. 내가 대단한 자연주의자여서 하는 소리도 아니야. 조각에 반대하는 것도 물론 아니야. 너무 어렵고 힘들 것 같아서야. 난 석굴암대불을 바라볼 적마다 어느 한순간도 바위란 생각을 해본 적이 없어. 걸친 법의는 하늘하늘 비단결처럼 나부끼고,

만지면 따뜻한 피부 감촉을 느낄 것 같아. 오해 말게. 난 불자도 아니야. 피렌체 미술관에 다비드상을 바라본 순간 난 자리에 펄썩 주저앉을 뻔했어. 숨을 쉴 수가 없었어. 인간의 손으로 어떻게 저런 상을 빚을 수 있겠어. 그렇다고 자네보고 미켈란젤로가 되란 소리도 아니야. 자네는 자네다운 일만 하면 돼. 그저 너무 조심스럽고 힘든 작업이어서 하는 소릴세.

한참 전 일이야. 어느 부자 별장에 초대받았지. 정원에 큰 두꺼비 바위가 버티고 있었어. 조각 작품은 아닌 것 같은데 어쩌면 자연석이 저렇게 잘생길 수 있을까? 원래 저 자리 있던 바위냐고 물었더니 주인이 펄쩍 뛴다. 저 바위가 집값보다 비싸다는 이야기부터 옮기는데도 특수차량에 기중기가 몇 대 동원되었다는 등 고생담인지 자랑인지 사설이 길었네. 난 속으로 원래 자리에 그냥 있었더라면 더 좋았을 걸, 혼자 중얼거렸어. 바위 없는 산, 바위 없는 계곡을 상상해보게. 끔찍하고 살벌한 이야기 아닌가. 그 자리 그냥 있었다면 오가는 사람이 모두 보고 함께 감동할 텐데. 자기 집 정원에 모셔 놓아서야 몇 사람이 보겠어? 이건 정말이지 무식의 극치 이전에 범죄야. 바위에겐 폭력이고.

거석에 칼을 들이대는 게 조각일진대 웬만한 배포 아니면 손이 떨려서도 잘 안 될 것 같아. 그리고 마지막 세부작업. 어느 한 점 실수하면 그야말로 나무아미타불이야. 무한한 상상력만으로 될 일도 아니야. 완성되기까지 참으로 외롭고 힘들고 처절한 자기와의 싸움이야. 인내와 기다림, 자네 잘할 수 있겠어? 완성이 되었다고 끝난 것도 아니지. 감동이 남았어. 사람들에게 감동을 줄 수 있어야 해. 감동 없는 예술은 예술이 아니야. 그래도 예술이라고 우긴다면 그건 자기도취증 환자야. 그리고 속물 근성이라고 웃지 마. 작품은 팔려야 돼. 네가 하고 싶어하는 일을 누가 말리겠어. 하지만 그걸로 밥은 먹을 수 있어야 비로소 예술가가 되는 거야. 대중작가라고 웃는 소위 순수예술가란 작자들을 난 경멸해. 내 작품이 팔려야 하는 거야. 사람들이 서로 사겠다고 줄을 서게 해야 된다고. 순수예술, 상업예술 운운하고 떠드는 작자들 상대하지 마. 그런 장르는 없어. 이왕 그 길로 가겠다고 결심한 너에게 자연보호운동을 하자고 말하진 않겠어. 하지만 힘든 나날이 기다리고 있다는 것만은 각오하고 떠나게.

첫닭이 울면

내게 산이 좋은 건 산에 사노라면 고향생각이 나기 때문입니다. 고향! 말만 들어도 아련한 향수가 내 가슴을 포근히 적셔옵니다. 그리고 내 마음은 저 멀리 까마득한 옛날로 달려갑니다. 순간 각박한 현실은 어디로 가고 철모르고 뛰어 놀던 그 어린 시절로 돌아갑니다. 요즈음 힐링 붐이 일고 있지만 향수만큼 좋은 치유제가 달리 있을까요. 우리 마을에는 장닭이 한 마리 있습니다. 이 놈은 솔씨를 주워 먹고 숲 속을 제 마음대로 돌아다니는 자유의 몸이라 우선 덩치가 큽니다. 거기다 맑은 공기에 폐활량도 커서 녀석의 새벽 첫 울음은 좁은 골짝을 쩡쩡 울립니다. 내 숙소에서 계곡을 두 개나 건너고 작은 둔덕 넘어 사는 녀석의 목소리가 어찌나 큰지 내 숙소는 물론 좁은 골짝 모든 객사에 다 들립니다. 새벽 단잠을 다 깨우곤 합니다. 그래도 닭소리에 잠을 깨면 무병장수하고 만복이 온다는 우리의 오랜 설화를 모두가 알고 있는 것인지 누구 하나 불평하는 사람이 없습니다. 첫닭이 울면 밤의 귀신도 달아납니다. 제사도 첫닭이 울기 전에 마쳐야 합니다. 첫닭 울음은 어두운 귀신들을 다 물리치고 밝고 맑은 해를 한 집 가득 맞아들일 채비를 하게 합니다.

아득히 첫닭이 울 때마다 내 마음은 어릴 적 고향 마을로 달려갑니다. 고향집 닭은 바로 뒤뜰에 있어서 울음소리가 요란하기 그지없습니다. 마치 긴 목을 늘어뜨려 창호지 문에 입을 갖다대고, 일어나라는 협박과도 같이 우렁찼습니다. 이 소리에 누구도 안 일어나곤 못 배깁니다. 하지만 어젯밤 늦게까지 농사일에 시달린 식구들의 깊은 잠이 깰 리가 없지요. 그래도 먼저 부스럭거리고 일어나는 사람은 우리 엄마입니다. 삼십 리 학교길 삼촌 아침을 위해서죠. 좀 있으면 중간 채 삼촌 방에 불이 켜집니다. 호롱불 아래 책상 앞에 웅크려 앉아 새벽 공부를 하는 삼촌 그림자가 창문에 비칩니다. 세 번째로 나와 우리 집 일꾼이 거의 동시에 일어납니다. 내가 뒤뜰, 황동 할매네 감꽃을 한바구니 주워 담아올 즈음이면 할아버지 기침 소리가 사랑에서 요란합니다. 아득한 고향 마을의 새벽 전경이 눈에 선합니다. 이럴 땐 괜히 눈물이 찔끔 날 때도 있습니다. 특별히 슬퍼서도, 기뻐서도 아닙니다. 그러나 그리 기분이 나쁘진 않습니다. 장닭 한 놈이 울기 시작하면 온 동네 장닭이 서로 질세라 일제히 울기 시작합니다. 이들의 새벽 합창이 가관입니다. 온 세상을 깨울 듯이 요란스럽습니다. 까마득한 태곳적 우주가 열리는 순간에도 이렇게 첫닭이 울었겠지요.

선 마을 장닭은 한 마리뿐이라 언제나 독창입니다. 테너 같기도 하고 소프라노 같기도 한 묘한 소리입니다. 녀석과 고향 마을 닭과는 결정적으로 다른 점은 우는 시간입니다. 고향 마을엔 시계가 필요 없었는데 선마을 닭은 도시에서 자라다보니 우주의 리듬감각이 난조에 빠졌나봅니다. 한낮에도 심심하면 울어대니 여기에 시간을 맞추다간 낭패를 보기 딱 좋습니다.

한데 고맙게도 요즈음은 차츰 우는 리듬이 제대로 돌아가고 있습니다. 자연의 리듬을 회복한 것 같습니다. 대우주의 순환원리를 차츰 몸에 익혀가는 것 같습니다. 이젠 거의 내가 일어나는 4시 반에 맞추어 웁니다. 참 신기하죠. 도시에선 밤낮이 없습니다. 동물인들 제대로의 리듬을 지니기란 쉽지 않겠지요. 우리 마을로 거처를 옮긴 후 녀석은 무엇보다 자유롭습니다. 숲 속을 제 마음대로 돌아다니며 솔씨를 쪼아 먹는 모습이 너무도 의젓하고 당당합니다. 꼭 옛날 고향 마당의 우리집 장닭 같습니다.

2장

사계

사계절의 축복

태풍만이 강력한 기류를 동반하는 건 아닙니다. 저리도 평화롭게 보이는 하늘에도 온갖 기류가 흐르고 있습니다. 여름 하늘의 하얀 뭉게구름. 보기만 해도 평화롭고 낭만적이죠. 저 구름을 타고 어디론가 멀리 떠나고 싶습니다. 하지만 비행기 조종사가 가장 두려워하는 게 저 뭉게구름입니다. 뭉게뭉게 꽃봉오리처럼 피어오른다고 그런 멋진 이름도 붙었겠지요. 그러나 우리가 보기엔 조용하지만 그 속엔 음양 전류와 함께 힘찬 난기류가 흐르고 있습니다. 금속체가 지나면 벼락 천둥과 함께 난기류의 급습으로 자칫 비행기를 통째로 집어삼킬 수도 있습니다.

그런가 하면 저 창공에 독수리를 보십시오. 유유히 날갯짓도 없이 하늘에 떠 있다는 게 마냥 신기합니다. 어떻게 저것이 가능할까요? 조류학자 설명에 의하면 독수리는 기류를 잘 탈 줄 아는 천부적 감각이 발달되어 있다고 합니다. 상승, 하강 기류, 맞바람, 뒷바람도 적절히 잘 탄다는 것이지요. 유연한 활공, 그리곤 조용히 날개를 편 채 날갯짓 한 번 없이 그대로 떠 있는 것도 서로 맞부딪히는 기류의 흐름이 있기에 가능한 것입니다.

서로 대항하는 힘의 균형과 조절. 이것이 우주의 질서를 유지하는 또 다른 힘입니다. 남녀, 음양이 따로 있습니다. 동서남북, 춘하추동, 이렇게 서로 상반되는 에너지의 균형과 조화가 완벽할 때 우주의 순환질서가 순항을 하게 됩니다. 여기에 문제가 생기면 자연환경의 붕괴는 물론 인간사회라고 예외일 수 없습니다. 근년엔 그런 조짐이 있어 불길합니다. 이상난동이란 소리도 자주 들립니다. 없는 서민들 입장에선 다행이라는 생각이 들 수도 있겠지만 겨울은 추워야 당장 시장경기가 돌아갑니다. 난방기구만입니까. 의류, 신발에서 따끈한 찐빵까지 날씨가 따뜻하면 장사가 되지 않습니다. 그뿐 아닙니다. 겨울엔 추워야 온갖 잡균, 병균을 동사시켜 여름철 질병을 예방해줍니다. 겨울이 춥지 않으면 이듬해 농사도 안 됩니다. 우리 몸도 추울 땐 추워야 추위에 대항하는 방어호르몬이 분비되며 면역력 증강으로 몸이 튼튼해집니다. 예를 들자면 끝이 없습니다. 겨울이 추워야 새봄의 따뜻함에 더 감사하게 되며 계절에의 아취, 새봄에의 환희도 커집니다. 생각이 이렇게 돌아가면 엄동설한에의 불만도 줄어들겠지요.

겨울은 겨울답고 여름은 또 여름다워야 하는 게 자연의 질서입니다. 햇빛이 있기에 그늘이 시원하고, 그늘이 있기에 햇빛이 따뜻합니다.

인간사도 다르지 않습니다. 괴로움 없이 즐거움을 어찌 알리요, 슬픔 없는 기쁨은 없습니다. 좋은 일에서 좋은 일은 생기지 않습니다. 불행히도 현대인은 겨울도 여름처럼, 여름은 겨울처럼 나고 있습니다. 이것도 발달된 과학문명과 풍요가 몰고 온 재앙의 하나입니다. 기억하십시오. 한국인은 사계절의 뚜렷한 변화에 잘 적응할 수 있게 진화·발전되어 왔습니다. 계절마다 계절의 특성에 따라 계절스럽게 살아야 건강은 물론 삶의 멋을 느낄 수 있습니다.

산에 핀 꽃

바위와 거목들이 버티고 선 짙은 숲, 계곡…… 우람한 산에 가녀린 꽃이 핀다는 게 신기하지 않습니까? 어쩐지 궁합이 맞지 않고 어울릴 것 같지 않은데, 여기에도 강약, 음양의 조화, 자연의 질서는 퍼렇게 살아 있습니다.

꽃나무로선 생존 조건이 결정적으로 불리합니다. 기름진 땅도 없고 햇빛도 없습니다. 그래도 꽃은 약한 겉모습과는 달리 줄기찬 생명력을 발휘합니다. 약한 것 같지만 강합니다. 그 열악한 환경조건에서 비집고 피어나는 것이 꽃입니다. 그 강인함에 감탄할 수밖에 없습니다.

산에 핀 꽃이 경이롭고 더 반가운 것은 그래서이지요. 워낙 열악한 환경이라 꽃이 큼직할 수도, 화려할 수도 없습니다. 보일 듯 말 듯 바위틈에, 수줍은 듯 피어나는 것이 산꽃입니다. 정원의 장미처럼 화려하지도 않고 들꽃처럼 무리를 지어 야단스럽지도 않습니다. 떨어진 먼 곳에 고고히, 소담스럽게 피어납니다. 그리고 꽃의 계절, 봄에만 피지도 않습니다. 보일 듯 말 듯, 그러나 여름을 지나 늦가을까지 줄기차게 피어납니다. 소박한 소월도 산꽃의 이런 기품에 반

했겠지요.

    산에는 꽃 피네 꽃이 피네

    가을 봄 여름 없이 꽃이 피네

    산에 산에 피는 꽃은

    저만치 혼자서 피어 있네

시인의 감성은 놀랍기만 합니다. 그렇습니다. 산에도 꽃이 핍니다. 여름에도 핍니다. 그리고 저만치 뚝 떨어져 홀로 피어 있습니다. 그래서겠지요. 산에서 만나는 꽃이 더 반갑고 정겹습니다.

우리 산에는 꽃밭이라고 따로 있진 않습니다. 행선길을 만드느라 절로 생긴 정원이 고작입니다. 누구라고 꽃 욕심이 없겠습니까만 행여 산의 품격을 떨어트릴까 자제하려고 무척 애쓰고 있습니다.

얼마 전 도산서원을 들렀다 장미가 우거진 화려한 정원을 보고 적잖이 놀란 적이 있어서입니다. 처마에 오색찬란한 단청까지. 어쩐지 퇴계 선생의 맑고 소박한 그 고매한 선비정신을 훼손한 건 아닌가 하는 생각이 들었습니다.

예부터 선비나 서당의 정원은 은근하고 소박한 꽃들로 아담한 기풍을 자아내곤 했습니다. 사군자는 어느 하나 화려하지 않습니다. 우리 마을엔 백일홍이 피어 여름 내내 그 은근한 기품을 풍기고 있습니다. 겨울 추위에 적응된 매화나무를 손님이 주셔서 심었더니 아슬 아슬하게 몇 그루가 살아남았습니다. 내년 봄이 기다려집니다. 대나 무도 심었지만 한겨울을 힘겹게 나긴 했는데 노랗게 시들어가는 듯 해서 무척 애를 태우더니 여름이 되자 그 기상 그대로 퍼런 날을 세 우고 있습니다. 우리 정원이 너무 부실해서 보이지도 않는다고 한마 디 던지는 손님도 있습니다. 좋은 장미를 주겠노라고 호의를 베푸는 이도 있습니다. 꽃이 너무 화려 찬란하면 황홀경에 빠져 사람을 들 뜨게 만듭니다. 도심에 흥분된 신경을 겨우 가라앉혀 놓았는데……. 자극을 피하고자 한 단순, 소박한 우리 마을 철학이 이해되었으면 좋겠습니다.

꽃에도 혼이 있다는 걸 우린 믿고 있습니다. 꽃 치유란 말도 들어보 셨겠지요. 꽃 앞에 앉으면 우리 마음도 함께 예뻐지는 건 꽃의 혼이 풍기는 파동과 공명을 일으키기 때문입니다. 꽃밭에서 다투는 이를 볼 수 없는 건 그래서입니다.

우리 마을에 보일 듯 말 듯 은근한 꽃을 심은 사연이 이해되셨나요?

봄처럼

봄엔 조병화의 시가 생각납니다.

    봄처럼 부지런해라

    땅 속에 땅 위에, 공중에서

    생명을 만드는 쉼 없는 작업

쌓인 눈이 많이 녹긴 했지만 땅은 아직 꽁꽁 얼어붙은 그대로입니다. 그 얼음덩이 동토를 비집고 치켜들면서 새 움이 솟아나는 걸 보노라면 기적과도 같은 감동입니다. 동토에서 저 가녀린 새싹이 트다니, 생명의 약동이 동토를 갈라놓는, 상상도 할 수 없는 일이 봄에 벌어지고 있는 것입니다. 생명력이 얼마나 강하다는 것을 저 가녀린 새싹이 보여주고 있습니다.

얼음 아래 개울 물소리도 제법 실해져 쉼 없이 흐르고 있습니다. 나무도 속으론 바쁩니다. 땅의 기운을 빨아올려 저 높은 가지 끝까지 보내 새봄의 움이 트게 준비를 해야 합니다.

새들은 겨우내 뭘 먹고 살았을까요? 철이 되니까 사라진 새들도 돌아와 뭘 쫓는지 날갯짓이 바쁩니다. 정말이지 봄엔 모두가 부지런합니다.

선생은 또 '봄처럼 꿈을 지녀라.'고 하셨지요. 봄은 희망에 부푼 계절,

결실의 가을까지 봄은 꿈을 먹고 일어납니다.

〈봄처럼 새로워라〉 같은 시에 나오는 한 구절입니다. 봄은 모든 게 새롭고 신선합니다. 연초록으로 물들어가는 산마루를 지켜보노라면 참으로 장관입니다. 봄은 모든 시작의 계절입니다.

가을 단풍도 아름답지만 새로운 움이 트는 연푸른 새싹은 더욱 신선하고 아름답습니다. 산들바람에 가볍게 남실거리는 봄 가지는 주위를 온통 연푸른 기운으로 물들게 합니다. 온몸이 신선한 기운에 젖어듭니다. 가을에 아름다운 단풍나무가 봄에 이렇게 아름다울 줄 미처 몰랐습니다.

봄처럼 새롭고, 봄처럼 꿈에 부풀기 위해 우리도 봄처럼 부지런해야겠습니다.

벚꽃이 피면
비가 온다

벚꽃이 피면 무슨 하늘의 심술인지 꼭 바람이 불고 비가 옵니다. 사연은 이렇습니다.

창조주가 아름다운 꽃들을 만들면서 벚꽃 차례가 되자 잠시 한눈을 팔게 됩니다. 그 사이 이놈은 너무 화사하게 되어버렸습니다. 벚꽃이 피면 그 화사함에 다른 꽃이 보이지 않게 됩니다. 이건 불공평하죠. 해서 하늘은 벚꽃이 피면 바람이 불고 비가 내리게 하는 것입니다.

이것은 내가 만든 벚꽃의 전설입니다. 그렇지 않고는 벚꽃의 그 화사한 내력을 설명할 길이 없습니다. 해서 벚꽃은 잠깐입니다. 눈 들어 다시 보면 벌써 낙화가 시작됩니다. 거기다 비 오고 바람이 거세니 그 짧은 생애가 못내 아쉽습니다. 하지만 그러기에 더욱 아쉽고 애절합니다. 그래서일까요, 벚꽃을 보면 언제나 떠오르는 의문이 있습니다.

'자연이 다 그러하지만 특히 벚꽃의 저 신비스런 아름다운 색깔은 어디서 오는 것일까.' 볼수록 그 아름다운 색깔에 넋을 잃게 됩니다. 저 차가운 눈 속에, 바람 속에, 빗속에, 가뭄 속에, 어쩌면 이리도 화사하게 필 수 있을까.

　　흔들리지 않고 피는 꽃이 어디 있으랴

　　젖지 않고 피는 꽃이 어디 있으랴

도종환은 꽃을 이렇게 노래하고 있습니다. 그러기에 벚꽃이 더 화려한 것일까? 저 색깔은 언제, 어디서, 어떻게 만들어지는 걸까? 줄기에서부터일까? 뿌리? 아니면 꽃이 피면서 고유의 색깔로 피어나는 것일까? 사치스런 질문이 꼬리를 물고 일어납니다. 그 의문이 풀린 건 천연 염직을 하는 어느 장인의 수기를 읽고 나서였습니다. 아주 감동적이었습니다.

　　어느 늦은 봄, 느닷없이 내린 눈에 벚나무 가지가 꺾인다. 이걸 주워다 솥에 삶아, 그 물감으로 염색을 했더니 벚꽃과 똑같은 색깔이 되었다.

그는 하도 신기하고 고맙기도 해서 9월 태풍에 꺾인 벚나무 가지를 삶아 해보았더니 전혀 그 색깔이 아니더란 것이죠. 벚나무는 그 고운 빛깔의 꽃을 피우기 위해, 한겨울 내내 안으로 물감을 만들면서 살아온 것입니다. 꽃이 필 때까지 전 생명을 기울여 고운 색깔을 온몸으로 잉태한 것입니다. 그 혼이 가지에도 스며들 수밖에 없을 터입니다. 긴 겨울 찬바람, 눈 속에 꽃을 준비하는 벚나무는 자기 고유의 색깔을 온몸에 들입니다. 벚꽃은 그냥 피는 게 아닙니다. 피기까지는 수억 년에 이어지는 연속적 기적이 일어나야만 합니다.

자연의 위대한 혼 앞에 숙연해집니다. 이윽고 피는 꽃, 나무는 마지막 불꽃을 태워 그 며칠의 꽃을 위해 몸과 혼을 다 바칩니다. 그리고 꽃이 지고 나면 기진맥진 벚나무는 속으로 몸살을 앓고 메말라버립니다. 모든 걸 불태운 완전연소입니다.

여름 가지에 벚꽃의 기적이 묻어 있을 리 없습니다. 자연의 힘은 위대합니다. 천년 벽화에 천연 물감의 그림은 선명찬연하게 그대로 남아 있습니다. 나무의 혼이 묻어 있기 때문입니다. 어떤 인공염료도 이에 견줄 수 없습니다. 몇 년 안 가 퇴색해버립니다. 벚꽃 앞에서 다시 자연을 읽습니다.

농農은 천하지대본天下之大本이라

선마을 앞뜰에 채소밭이 제법입니다. 봄에 씨앗을 뿌릴 적만 해도 이게 될까 하는 생각도 했습니다. 하지만 땅은 정직했습니다. 싹이 트고 파랗게 채소밭이 물들어가더니 여름이 익으면서 아침 저녁이 다르게 쑥쑥 자라기 시작합니다.

옛날 할머니가 채소는 사람 발자국 소리를 듣고 자란다는 말을 자주 하셨지만 우린 정말이지 자주 들여다보고 정성들여 가꾸었습니다.

농사만큼 정직한 것은 없는 것 같습니다. 뿌린 만큼 거두기 시작했습니다. 상추, 쑥갓, 깻잎, 쌈감을 한 바구니 담아 나오노라면 아! 행복이란 게 별건가 하는 생각이 납니다.

감자 수확을 제일 먼저 했습니다. 거짓말같이 감자가 흙 속에서 모습을 드러내자 모두들 함성을 질렀습니다. 땅에 털썩 주저앉아 한나절 시간 가는 줄 모른 채 우린 정녕 행복했습니다. 뇌과학적으로는 이를 '변연계 공명'이라는 아름다운 이름으로 부르고 있습니다.

우리 뇌는 크게 3층 구조로 되어 있습니다. 제일 아래 뇌간은 생명의 리듬운동을 담당하는 곳, 중간의 변연계는 일명 동물뇌라 불리며 원초적 감정을 담당하는 곳 그리고 제일 위층 인간뇌는 이성, 인지, 사고, 판단 등 고등정신 기능을 담당합니다.

인간의 태곳적 경험이나 어릴 적 즐겁고 행복했던 경험은 변연계에 기억으로 남아 있습니다. 평소엔 잠잠하지만 옛날에 했던 비슷한 경험을 하면 변연계가 즉각 공명을 일으켜 그지없이 만족하고 행복합니다. 이런 현상을 뇌과학에선 변연계 공명이라 부릅니다.

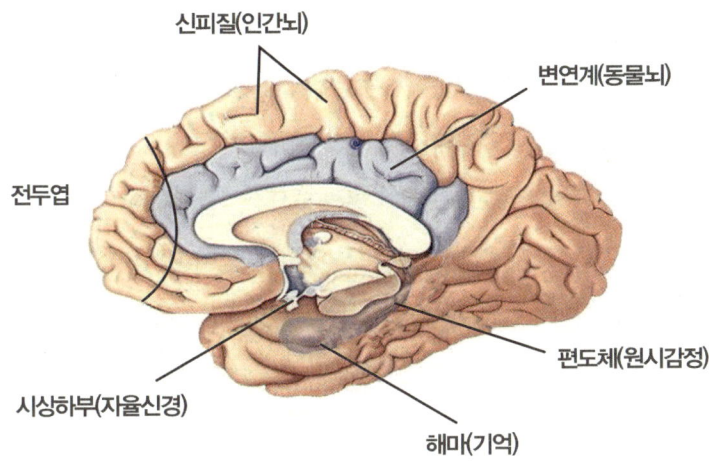

변연계 공명 Limbic Resonance

흙에 앉으면 푸근하고 넉넉한 기분에 젖어들 수 있습니다. 태곳적, 원시의 체험을 재현하기 때문에 마을 손님들도 제 손으로 딴 채소를 한 보따리씩 싸들고 함박웃음을 짓곤 합니다. 그런 모습을 그저 바라보는 것만으로 흐뭇합니다.

올해는 특히 풋고추가 일품입니다. 그리 맵지도 않으면서 껍질이 얇고 보드라워서 아주 단맛이 납니다. 곧, 옥수수 수확도 멀지 않습니다. 참외, 수박도 탐스럽게 익어가고 있습니다. 업으로 하는 농사일이 아니어서 쉽진 않습니다. 하지만 농사일이란 단순한 생업이 아닌 줄로 압니다. 내 손으로 지은 농작물이 사람들에겐 생명의 젖줄이 되는 참으로 신성한 일입니다.

밭에서 일하는 농부의 모습을 지켜보십시오. 성직자나 구도자의 경건한 모습입니다. 논밭을 가꾸는 것이 아니라 이 땅의 얼도 함께 가꾼다는 긍지와 자부가 넘칩니다. 인간 생명의 원천을 가꾸는 일보다 더 신성한 일이 또 있을까요. 작은 텃밭을 가꾸면서 채소밭 언저리에서 해본 생각들입니다.

농사일은 신비와 기적의 연속입니다. 지난겨울 눈 속을 견뎌 움이 트는 것부터, 쑥쑥 자라 꽃이 피고 결실하기까지 어느 하나 기적 아닌 게 없습니다. 자연의 혼이 스며들지 않고야 이 모든 일들이 어찌 가능한 일이겠습니까.

암 선고를 받고 병원에서 쫓겨나다시피 한 환자들이 '죽으려고' 산에 갑니다. 모든 걸 체념한 채 산속에 묻혀 나물 먹고 물 마시며 소박한 생활을 합니다. 제 손으로 지은 채소밭에 신선한 야채를 먹고 살다보니 죽기는커녕 10년, 20년 기적같이 잘 살고 있습니다.

의학적으로 기적이 일어난 것입니다. 하지만 산속에서 자기 손으로 농사를 지어보면 결코 기적이 아니라는 사실을 알게 됩니다. 그리고 자신이 위대한 산과 함께 호흡하고 있다는 걸 실감하게 됩니다. 채소와 함께 우주와 하나로 이어져 있다는 감각이 느껴지곤 합니다. 옛날 우리 고향 마을 축제의 깃발이 이제야 무슨 뜻인지를 이해할 수 있을 것 같습니다.

　　농農은 천하지대본天下之大本이라.

여름 숲

'아! 이래서 5월을 계절의 여왕으로 불렀구나!'
이런 감동을 온몸으로 깊이 느껴본 적이 있나요?
노천명은 '푸른 5월'을 이렇게 더듬거립니다.

> 청잣빛 하늘이 그린 듯이 곱고
>
> 보리밭 푸른 물결 헤치며
>
> 종달새 높이 뜨는
>
> 첫 여름이 흐른다.
>
> 청머루 숲이 뻗어나던 길섶
>
> 어디선가 한나절 꿩이 울고……

5월의 싱그러운 계절은 우리를 들로 숲으로 유혹합니다. 5월의 산야를 거니노라면 몸도 마음도 온통 푸르름으로 물이 듭니다. 신선한 기운이, 온몸을 감돌아 흐릅니다.

그리고 무슨 일이 있어도 5월의 하룻밤은 소나무 우거진 숲에서 지내야 합니다. 5월의 산중 밤은 차갑습니다. 군불 뜨끈하게 때놓곤 창문을 열어둔 채 발가벗고 눕습니다. 알몸으로 누워 눈을 감고 조용히 깊이 숨을 들여 보십시오. 이게 와식 명상입니다.

5월 훈풍이 조용히 불어오면 산 아래 멀리 아카시아 향기가 뻐꾸기 소리와 함께 아련히 밀려듭니다. 그리고 다음 순간, 바람이 바뀌면 앞뜰에 꽃 잔디 향기는 또 어떻고요. 그 향긋한 바람, 맑디맑은 밤공기가 비단결처럼 알몸을 감싸 돌아 흐릅니다. 혼까지 맑아집니다. 자연이 주는 지고의 선물입니다. 아로마 목욕을 어찌 여기에 견줄 수 있을는지요.

바람이 잠잠해졌나요. 조금만 기다리세요. 이번엔 북쪽 창으로 솔향기가 은은히 밀려들어옵니다. 아, 이 상쾌함이라니! 도심의 어느 일류 호텔에서도 이런 운치란 상상도 할 수 없습니다.

차츰 여름이 무르익어 무더위가 기승을 부리면 그제야 숲은 타고난 특유의 멋을 풍겨줍니다. 숲에 들어선 순간, 시원한 청량감이 우리를 반깁니다. 땀이 가십니다. 숲의 깊고 신령스런 기운까지 가세해 우리의 들뜬 심신을 조용히 가라앉혀 줍니다. 이보다 더 좋은 청량제는 없습니다. 도심의 밝은 태양 아래보다 평균 14도는 더 낮습니다. 큰 나무 그늘에 앉아 위를 올려다보십시오. 나뭇잎 사이로 반짝이는 햇살이 눈물겹도록 아름답습니다. 이제야 흰 구름이 여유롭고 시원해 보입니다. 그대로 누워 하늘을 보십시오. 숲의 매력은 역시 짙푸른 여름입니다.

분수대로

긴가민가했더니 한두 방울 떨어지던 비가 아주 소낙비로 바뀝니다. 우산을 가져올 걸. 나무 아래 피하기엔 소나기가 워낙 거셉니다. 헐레벌떡 뛰어 팔각정까지 다다랐을 무렵엔 정말이지 비 맞은 중이 되었습니다. 산중에서 맞는 비는 차갑습니다. 으스스하더니 덜덜 떨리기 시작합니다. 바짓가랑이도 온통 흙탕, 도대체 꼴이 아닙니다. 하지만 이 비를 더 맞고 내려갈 형편도 아니니 도리 없이 비 그치기를 기다릴 수밖에 없습니다.

생각해보면 영감 주책이 탈이었습니다. 구름이 낮게 깔리고 샛바람이 불면 비가 멀지 않았습니다. 이제 그 정도 날씨쯤 알 수 있을 법한 나이인데도 산에 간다는 생각만 앞서 그냥 올라온 것입니다. 거기다 무슨 욕심으로 왜 먼 길을 따라갔을까요. 짧은 코스를 따랐더라면 지금쯤 비도 안 맞고 낮잠 한숨 즐기고 있을 텐데. 아니 그보다 아침 자연명상만으로도 오늘 하루 운동은 충분할 터인데 무슨 욕심으로 또 나섰느냐고요? 이게 다 내 분수도 모른 채 욕심 부린 응보입니다. 비가 그치기를 기다리며 물끄러미 반달연못을 내려다봅니다. 아! 연꽃 두 송이 피어 있습니다. 단아하고 청초한 모습 그대로입니다. 이 깊은 산골에, 그래도 하면서 심은 연입니다.

얼마 전 연잎이 필 때 얼마나 반가웠던지, 오늘 드디어 연꽃까지! 산중에 핀 연꽃이라 더욱 귀합니다. 그나마 욕심 없이 딱 두 송이, 손바닥만 한 연못에 더 이상 펴야 못이 넘칩니다. 이 높은 곳, 진흙탕에 어쩌면 이리도 청초한 꽃이 필 수 있을까요.

연꽃을 바라보노라면 내 마음도 밝아집니다. 그런데 향기는? 은은한 연향기가 풍김직한데 기미가 없습니다. 아쉽죠. 하지만 다음 순간, 쯧쯧 폭우 속에, 높다란 정자에 앉아 겨우 두 송이 꽃봉오리 연향기를 기대한 것부터가 잘못입니다. 그것도 내 욕심인가, 연잎이 웃고 있습니다. 빗속이어서일까요? 연잎도 오늘 따라 더 푸르고 밝습니다. 신기한 건, 연잎은 제 분수를 알고 있는 것 같습니다. 떨어진 빗방울을 연잎은 조용히 받쳐듭니다. 연잎을 구르는 빗방울이 영롱한 구슬처럼 빛을 발합니다. 파란 연잎 위에 비단같이 영롱한 물방울 보석입니다. 하지만 연잎은 더 모으려고 안달을 하지도 않습니다. 조용히 잎을 펼쳐들고 제 앞으로 떨어지는 만큼 받아들 뿐입니다. 그리곤 구슬이 모여 커지고 얼마간 모이면 연잎은 미련 없이 홀홀 쏟아버립니다. 자신이 감당할 만큼 들고 있다가 넘치면 미련 없이 부어버리는 거죠. 흰 눈 탐내다 부러진 나뭇가지를 생각하노라면 연잎의 지혜에 감탄이 절로 납니다. 분수를 알고 욕심을 내지 않습니다. 그리고 연잎은 비를 가리지 않습니다. 이슬비, 가는 비, 소낙비까지 하늘이 내리는 대로 고이 받아 아름다운 구슬로 다듬어 세상으로 흘려보냅니다.

자연은 시샘을 하거나 욕심을 부리지 않고 제 분수대로 살아가기에 더욱 아름답습니다. 숲 속 사슴은 자기도 힘 센 곰처럼 되길 바라지 않습니다. 아프리카 초원, 사자에 쫓기는 얼룩말이 나도 사자였으면! 하는 생각은 않습니다. 그저 죽어라고 달아날 뿐입니다. 구사일생으로 살아나면 후유~ 하곤 또 꼬리를 흔들며 풀을 뜯어먹고 그렇게 살아갑니다.

모두가 타고난 분수대로, 분수를 지켜 살아가고 있습니다. 사람만이 그게 잘 안 되는 것 같습니다.

가을의 소리

도시는 차 소리로 아침이 열립니다. 옆집 TV, 가게 스피커…… 도시는 사람이 만든 온갖 잡음과 소음으로 정신까지 현란합니다. 꼴 보기 싫은 거야 잠시 눈을 돌리면 되지만 소음은 어떻게 할 방법이 없습니다. 속수무책으로 당하는 수밖에 없지요. 겨우 든 잠이 경적 소리에 또 깹니다. 아주 사람을 미치게 만듭니다. 제 아이 우는 소리에 참다못한 아버지가 아이를 아파트 창으로 내던진 사건이 실제로 일본에서 있었습니다.

소음만큼 악질적 스트레스가 없습니다. 도심을 걷노라면 우린 거의 경적쯤 무시하고 지냅니다. 귀가 무뎌집니다. 그래야 미치지 않고 살아갈 수 있습니다. 하지만 우리 중추 신경은 그때마다 예민하게 반응합니다. 지척이 안 보이는 숲 속에서 원시인은 청각이 예민해질 수밖에 없습니다. 바스락 소리에 사자인지 사슴인지 구별할 수 있어야 합니다. 이건 생존에 관한 문제입니다. 도심에서의 이유 없는 짜증, 만성 피로는 여기서 비롯됩니다.

사방이 산으로 둘러싸인 이 깊은 산골에 마을을 정한 것도 그래서입니다. 여기는 밖에 전쟁이 나도 모릅니다. 안테나가 없으니 '고맙게도' 휴대폰이 안 터집니다. TV, 비디오, 라디오, 신문, 일체의 문명이 만드는 정신적 소음까지 차단했습니다. 들어서는 순간, 아늑하고 조용해서 심신이 편안해집니다.

특히 가을의 선마을은 맑고 고요합니다. 비로소 바깥 소음에 무뎌진 귀가 열립니다. 다시 밝아집니다. 속까지 확 뚫린 느낌입니다. 그리곤 닫힌 5감이 활짝 열립니다. 이제야 내가 진짜 내 자신으로 돌아온 것 같습니다. 보일 게 보이고 들릴 게 들립니다. 이러는 순간의 생생한 체험은 신비스럽기까지 합니다. 깊은 산 아니고 이런 신비스런 체험을 어디서 할 수 있겠습니까. 바람도 잠잠한 가을의 선마을은 완전한 적막, 정적의 소리만 그윽할 뿐입니다. 조용히 눈을 감고 천천히 부드럽게 호흡을 하노라면 그제야 아득히 다람쥐 나무 타는 소리가 들립니다. 낙엽 지는 소리, 깊은 계곡의 물소리, 새소리, 풀벌레 울음소리, 그리곤 잔잔한 가을바람에 흔들리는 숲의 합창까지……. 완벽한 심포니죠. 세상에 이보다 아름다운 교향곡이 또 있을까요? 사람 넋을 잃게 합니다. 이게 자연이 베푸는, 숲이 만들어내는 축복입니다. 가을의 심포니에 완전히 빠져듭니다. 내가 여기 이렇게 있는 것조차 의식되지 않는 이 순간, 화려한 가을과 내가 하나가 됩니다. 이보다 더한 축복이 또 있을까요? 감사의 기도가 절로 흘러나옵니다.

어느 날
가을 산에서

산은 뭐니 해도 가을 산을 따를 수 없습니다. 가을 산은 맑습니다. 하늘도 물도 공기도 가을 산은 청명 그대로입니다. 가을 산은 연중 가장 화려합니다. 온 산이 붉게 타오르니까요. 노랑, 갈색, 잎들은 저마다 가장 화려한 옷으로 갈아입고 이제 곧 끝날 막장을 준비합니다.

    버려야 할 것이 무엇인지를 아는 순간부터

    나무는 가장 아름답게 불탄다

    제 몸의 전부였던 것

    아낌없이 버리기로 결심하면서

    나무는 생의 절정에 선다

단풍으로 물든 산을 보노라면 도종환의 시 한 구절이 떠오릅니다. 나무는 단풍이 들면서 생의 가장 화려한 절정을 일굽니다. 이제 곧 훌훌 떨치곤 발가벗고 설 겨울 나목들을 그리노라면 이 순간의 단풍이 눈에 아리게 아름답고 화려합니다. 차라리 장렬합니다. 단풍 없는 산이 어찌 산이랴. 쳐다만 봐도 황홀 일색입니다. 간간히 소나무가 함께 있어 단풍은 한결 그 운치를 더합니다. 단풍과 솔, 바위, 물 그리고 누구와 함께이냐. 이 모두가 한데 어울려야 단풍이 단풍답게 제 빛을 발하고 그야말로 천하절경을 이루어냅니다. 여울가 바위 끝에 소나무와 함께 선 단풍이 빨강, 노랑 한두 잎 떨어져 그 맑고 푸른 물 위를 흘러가는 순간의 절묘함이라니! 무엇이 이보다 아름다울 수 있을까요. 한편의 시가 되어 흘러갑니다.

다시 산기슭을 돌아오릅니다. 산머루, 산수유 온갖 열매들이 빨강, 까망, 노랑, 탐스럽게 익어가고 있습니다. '지난 봄날 하얀, 분홍 꽃들이 여름 뭉게구름처럼 피어오르더니 어느새 이렇게 열매가 익었구나.' 꽃피는 봄엔 꿀벌, 나비들이 부지런하더니 열매가 익으니 주인이 바뀝니다. 다람쥐 입질도 부지런하고 작은 새들의 날갯짓이 바쁩니다. 노을길 따라 낙조대에 올라서면 멀리 홍천강 넘어 석양이 지고 있습니다. 산도 하늘도, 온 우주가 붉게 탑니다.

아스라한 황혼이 지자 달이 동녘에 뜹니다. 이 무슨 행운이며 축복인가. 산속의 달은 아늑하고 밝아서 더욱 정겹습니다. 숲 속 옅은 안개와 함께 달빛은 신비스런 색조를 연출해냅니다. 사람들은 이 순간을 무슨 색깔로 부를까요? 남색에 제일 가까울 것 같습니다.

풀벌레 울음이 더 영글어지고 저 아래 우리 마을엔 불이 꺼졌습니다. 달을 맞이하기 위해서입니다. 이런 저녁, 도시 사람들은 어디서 무엇을 하고 있을까요? 아, 오늘 밤 달이 뜬 줄 알기나 할까요?

마을의 수호신, 밤나무

우리 마을 한복판에 턱 버티고 선 이 밤나무는 온 마을 구석구석만이 아니라 온 산을 지켜보고 섰습니다. 정말 잘 생긴 나무입니다. 하지만 나이가 들어 힘이 젊은 날 같지 않아 보입니다. 겨울바람이 불면 헌 수레처럼 삐그덕거립니다. 둥치에 자란 이끼가 세월의 흔적을 일러줍니다.

새순이 돋을까 걱정도 되지만 노목은 결코 계절을 잊지 않습니다. 때가 되면 그리 화려하지도 향기롭지도 않지만 꽃이 핍니다. 여름엔 시원한 그늘을 만들어주기도 하지만 여느 나무처럼 녹음이 짙지도 않습니다. 하지만 이 나무는 기상이 좋고 기품이 있습니다. 노련한 슬기와 지혜가 안으로 충실한 힘이 넘칩니다. 내가 여기다 마을을 정한 것도 어쩌면 이 나무의 우람한 기개와 기상에 끌려서일 것입니다. 내가 선마을을 구상한 것도 이 나무 아래에서였고 힘들 때 기대앉아 하늘을 쳐다본 곳도 여기입니다. '내가 왜 이 나이에 이 짓을 하지?' 회의가 들 적마다 나를 타일러준 것도 이 나무였습니다.

"여보게, 나를 쳐다봐. 지난여름 태풍에 이번엔 왼쪽 큰 가지가 부러졌지. 균형을 잃고 넘어질 뻔도 했지. 아주 그랬다면 편했을까. 하지만 태풍은 오래가지 않는 걸세."

연륜의 무게가 실려 있습니다. 슬기와 지혜가 묻어 있습니다. 우린 이렇게 친한 친구요, 내겐 고마운 수호신이기도 합니다. 이 나무에 기대앉으면 절로 힘이 납니다.

마을 개토식에 아랫마을 노인들이 올라와 제를 올린 곳도 이 나무에 서였습니다. 옛날 이 골짝엔 열 가구 남짓이 살았었는데 부촌, 장수촌으로 알려진 곳이라고 노인들은 사뭇 부러워합니다. 그리고 이 나무를 마을의 수호신, 당산나무로서 신성시해왔습니다.

이제 가을 석양에 누릇누릇 물들어가는 잎들이 화려하진 않지만 그윽한 맛을 담고 있습니다. 이 나무의 겸손과 기품이 묻어 있습니다. 가을바람에 잎이 지기 시작합니다. 못내 아쉽습니다. 가을은 떠나는 계절인가. 영 이별이라도 하는 듯 마음이 공허합니다. 내 안에도 스산한 가을바람이 일고 있습니다.

툭툭, 알밤이 떨어지기 시작합니다. 떠난 친구가 돌아오는 발자국인가. 툭, 이번엔 내 어깨를 다독입니다.

'이 사람아, 이게 계절일세.'

감상에 젖은 내 혼을 일깨워줍니다. 아! 가을인가. 그래도 못내 아쉽습니다.

나눔의
가을 들판

가을은 아픈 계절인지, 깊어갈수록 그 무성하던 채소밭, 화려한 꽃밭이 자꾸 퇴색, 허무하기까지 합니다.

'모두가 한때인가, 사람도 저렇겠지.' 늦은 가을 채소밭 언저리에 서면 추수가 끝난 뒷자리가 어지럽고 황량합니다. 찌꺼기들이 여기저기 널려 있고 울퉁불퉁 흙덩이는 벌겋게 맨살을 드러내고 있습니다. 여름 내 우리 식탁을 그렇게 풍성하게, 입맛을 싱그럽게 해주던 것들은 이제 자취를 감추고 찌꺼기들만 가을바람에 뒹굴고 있습니다. 뽀얀 무서리를 맞고 추수를 기다리며 줄지어선 풀 죽은 배추가 어쩐지 서럽습니다. 저들마저 사람 손길에 걷혀나가면 밭은 그야말로 황무지로 변하겠죠. 그리도 번질나게 드나들던 사람들 발길도 끊기고 언제 봤냐는 듯 눈길 한번 주지 않겠지요. 그리고 밭은 벌거벗은 채 눈을 맞고 얼어붙은 채 그 추운 겨울을 나야겠지요.

인간에의 배신감이 들 법도 한데 대지는 그런 기색은 전혀 없어 보입니다. 오히려 다가오는 봄맞이를 위해 깊은 인내로 혹한을 견뎌내며 씨를, 싹을 보듬어 안고 키워낼 것입니다. 그러고도 말이 없는 대지. 미안하고 고맙습니다.

가을 채소밭에 서면 온통 미안한 마음뿐입니다. 우리는 무엇으로 대지의 은혜에 보답했는가? 추수니 수확이니 하고 우린 만면에 웃음을 지으며 풍성한 가을을 구가하지만 어쩌면 이 역시 인간 중심의 방자한 생각일는지 모릅니다. 사람은 거두어들이지만 자연 입장에선 나누어줌이 끝없는 베풂입니다.

지난겨울 땅 속에 혹한을 견뎌내고, 동토를 나와 찬이슬, 뜨거운 태양, 가뭄, 홍수를 이겨내어 고이 길러낸 잎과 열매, 뿌리까지 고스란히 내어주고 있는 것입니다. 이보다 더 귀한 나눔이며 베풂이 또 어디 있을까요. 그러면서 생색을 내지 않는 자연! 가을 들녘에 서면, 미안하고 감사한 마음에 무거운 기도로 고개가 숙여집니다.

잎은 져 거름이 되고 알밤은 떨어져 씨앗이 되어 대지로 돌려주는 이 엄격한 자연의 질서를 지켜보면서 우리는 어떤가요? 받기만 하고 돌려주는 게 없습니다. 그러고도 언제까지 생명의 순환질서가 유지되리라는 생각은 망상입니다. '무상으로 베푸는 이 위대한 자연 앞에 우리가 무엇을 해야 할 것인가?' 해답은 그리 어렵지 않습니다.

억새의 기품

억새는 풀 중의 풀, 풀의 왕자란 생각이 들곤 합니다. 논두렁, 산기슭 그리고 산 정상에까지 억새는 장소를 가리지 않고 아무 데나 피어납니다. 사람이 밟고 짐승이 짓밟아도 억새는 성장을 멈추지 않습니다. 억세서 억새일까, 밟혀도 밟혀도 억새만큼 강한 생명력은 없습니다.

이놈은 자라는 풀잎부터 그 기개가 다릅니다. 서릿발이 퍼렇게 선 칼날 같아서 어설픈 낫질에 손 베이기 십상입니다. 어릴 적 소꼴 베려다 이놈을 잘못 건드렸다간 큰 코 다칩니다. 억새에 베인 손은 오래 시리고 아픕니다. 우린 풀숲에 숨은 벌만큼이나 억새를 무서워했습니다. 하지만 소가 워낙 좋아하는 풀이라 낫질을 하지 않을 수 없습니다. 논두렁, 산기슭 어디나 지천에 널린 게 억새풀입니다.

이놈이 무서워 소꼴을 못할 순 없습니다. 해서 우리 어릴 적엔 가을에 피는 억새의 그 화려한 꽃을 본 기억이 별로 없습니다. 우리 손으로 다 베어버렸으니 꽃이 필 수가 없지요. 어쩌다 아이들 낫이 안 닿는 곳에 피긴 했지만 우린 그게 억새꽃인 줄도 모르고 지냈습니다. 억새꽃. 퍼렇게 날 선 풀잎 사이로 삐죽이 얼굴을 내미는 꽃. 얼음처럼 차고 눈보다 흰, 그러면서 양털같이 부드러운 꽃. 마치 선비가 붓끝을 세워 가을 하늘 맑은 화폭에 한 수 글이라도 읊을 기세입니다. 억새의 화려함은 아무래도 가을 석양 무렵입니다. 늦가을 기차를 타고 시골길을 달려가노라면 창밖에 핀 억새를 어디서나 볼 수 있습니다. 석양빛을 안고 가을바람에 흔들리는 억새를 역광으로 바라보노라면 세상에 이보다 아름답고 고결한 꽃이 또 있을까 싶습니다. 억새는 꼭 역광으로 보셔야 그 진수를 느낄 수 있습니다.

양털같이 보드라운 순백의 꽃이 가을바람에 흔들립니다. 정말이지 숨을 쉴 수가 없습니다. 풀잎도 꽃도 칼날같이 곧고 맑은 선비의 기상 그대로입니다. 결코 꺾일 줄 모르는 강직한 기개까지. 바람과 늦가을 찬서리에도, 겨울 찬 눈이 한참을 깊어도 툭 털고 제일 먼저 고개를 드는 건 억새꽃입니다. 부드러운 붓끝에 서릿발 같은 선비의 기상이 그대로 살아 있습니다. 짙푸른 풀잎과 순백의 부드러운 꽃. 부드러움과 강직함의 절묘한 조화입니다.

겨울이 다 갈 때까지 그 꼿꼿한 자세를 결코 흐트리지 않습니다. 눈꽃이 녹아내려도 억새꽃은 그대로입니다. 화려합니다. 색이 바래고 털도 빠져 노쇠한 기가 역력하지만 그래도 자세는 꼿꼿해서 늙은 선비의 고매한 기품을 엿보게 합니다.

행여 억새의 기품에 손상이 가랴. 참고로 갈대와 억새를 혼돈하지 말아야겠습니다. 갈대는 강 늪지대에 피는 풀로서 지저분합니다. 털도 폭실폭실해서 마치 개털 같습니다. 그래서 우린 개갈대라 불렀습니다. 억새의 붓칼 같은 기개와는 차원이 다릅니다. 심지어 '으악새 슬피우는' 노래 가사 때문에 새라고 우기는 어처구니도 있습니다. 스산한 가을바람에 설겅설겅 흔들리다가 겨울 모진 바람이 불면 억새는 특유의 고음으로 절규하듯 울어댑니다. 한 맺힌 사연이 있는 걸까요? 늙은 선비의 그 가슴속을 헤아릴 길이 없습니다.

억새 앞에 서면 가난했지만 대쪽 같은 시골선비, 아버지 생각이 납니다. 독립운동으로 작은 아버지가 투옥되자 둘째인 내가 홀로인 숙모 밑으로 양자로 들어갑니다. 숙모는 나를 끔찍이 사랑하셨지만 그만큼 때리기도 잘했습니다. 울면서 큰집(원래 우리 집)으로 가면 너희 집에 가라고 쫓아내고, 어느 날 저녁 어디로 가야 할지 골목에서 떨고 있는데 갑자기 아버지가 앞에 나타납니다.

가방을 내려놓고 조용히 나를 안았습니다. 아무 말은 없었습니다. 한마디 말씀 없이 한참을 안고 있더니 나를 풀어놓았습니다. 어디로 가란 말도 역시 없었습니다. 난 숙모 댁으로 발걸음을 옮겨갔습니다. 그게 아버지의 뜻인 것 같았습니다.

두 동생은 투옥되고, 대구 비행장 확장으로 살림은 두 동강 나고, 나라도 빼앗기고, 사랑하는 새끼는 매를 맞고……. 성균관 출신의 인텔리로서 아버지의 가슴은 찢어졌겠지요.

하지만 아버지는 한 번도 이런저런 내색조차 비친 적이 없었습니다. 어둠이 짙게 깔렸고 내가 뽕밭을 돌아갈 때까지 아버지는 그 자리 바위처럼 미동도 않고 앉아계셨습니다. 내가 여섯 살 될 즈음이었습니다. 억새 같은 기품으로 내 유년의 기억 속에 자리한 아버지가 오늘따라 유난히 보고싶습니다.

산중의 눈

며칠 전 밤사이 첫 눈이 살짝 다녀가더니 오늘 새벽 눈을 뜨니 눈이 엄청나게 쌓여 있습니다. 산중 눈이라 이른가. 아직 본격적인 추위가 시작도 안 했는데.

우지끈, 딱! 눈 무게를 못 이겨 나뭇가지 부러지는 소리에 잠이 깼습니다. 그 튼튼한 생 나뭇가지가 새털보다 가벼운 눈을 못 이겨 부러지다니. 숲 속엔 가끔 믿기지 않는 일이 벌어지곤 합니다. 그것도 튼튼하게 잘 생긴 가지가.

약한 가지는 휘어지기만 하지 부러지진 않습니다. 눈이 쌓이면 휘청 휘어져 쌓인 눈을 털어내곤 원래 제자리로 돌아옵니다. 언제 그랬느냐는 듯 시치미 딱 떼고 점잔을 부리니 신통합니다. 털고 비우고 나니 가벼운지 경쾌한 율동으로 몸을 풉니다. 약해서 강하다는 걸 보여주고 있습니다.

온 천지가 온통 하얗습니다. 숲엔 아름다운 설화가 눈부시게 피어 있습니다. 참으로 장관입니다. 산에 살기를 잘했다는 생각을 하게 됩니다. 나목에 피는 설화는 전설처럼 순수하고 화려합니다. 아름다운 단풍을 떨어내야 했던 아픔을 위로나 하듯 설화가 조용히 어루만지고 있습니다. 눈 덮인 산은 깊은 침묵 속으로 빠져듭니다. 간간히 가지 부러지는 소리가 적막을 깹니다. 그리곤 다시 온 산은 적막강산이 됩니다. 새들도 다 어디로 날아갔는지 기척이 없습니다. 산짐승들도 눈 속에 뭘 먹고 사는지 꿈쩍을 않고 발자국 흔적도 없는 걸 보면 깊은 눈 속을 헤집고 나올 엄두를 못 내나 봅니다.

창밖엔 하염없이 눈이 내립니다. 불현듯 이대로 뛰쳐나가고 싶은 충동이 일어납니다. 함박눈 그대로 맞으며 마냥 이대로 걷고 싶습니다. 그리고 모두를 불러 모아 눈싸움이나 한판 벌이고 싶습니다.

> 떠난 사람들 모두 돌아와
>
> 다 함께 눈을 맞자
>
> 눈 맞으며 사랑하자

고은의 〈눈 오는 아침의 단상〉입니다.

눈 오는 아침엔 모든 이가 푸근하고 정겹습니다. 모르는 이웃도 덥석 눈 속에서 껴안고 싶어집니다. 하얀 눈을 맞으면 오염된 속, 시커먼 속, 욕심으로 얼룩진 속 깊이까지 새하얗게 말끔히 씻어내줍니다. 눈은 저 높은 하늘에서 우주의 맑은 혼을 품고 내려오기 때문입니다. 자연의 조화가 신기롭기만 합니다. 수증기가 올라가 눈으로 된다지만 그래도 어쩌면 이렇게 아름다운 하얀 눈이 될 수 있단 말인가요.

더구나 시궁창에서 피어오른 수증기도 일단 하늘로 올라가면 이리도 깨끗한 눈이 되어 천사처럼 나풀거리며 내려올 수 있게 하다니요. 이건 분명 우주가 부린 신통력입니다. 눈 속엔 이렇게 우주의 맑은 혼이 스며 있습니다.

도시의 눈 오는 아침은 방송이 망쳐 놓습니다.

"여러분 대설경보가 내렸습니다. 길이 미끄럽습니다. 교통 대란이 우려됩니다. 일찍 서둘러 대중교통을 이용······."

참으로 방정맞고 재수 없는 소리입니다. 그 정도야 시민 스스로 알아서 할 일 아닌가요? 친절도 넘치면 잔소리가 됩니다.

"여러분 행복한 아침입니다. 흰 눈이 내리고 있습니다."

이렇게 시작할 순 없을까요? 이제 곧 도심의 흰 눈이 이내 시궁창으로 되는 한이 있더라도 눈 오는 아침 출발은 행복해야 하지 않을까요?

여름엔 불볕더위니 찜통더위니 하고 방정을 떨더니, 말만 들어도 순간 짜증이 납니다. 입만 열면 행복 타령을 하는 방송국이 어쩌면 이렇게 무신경할까요. 이런 방정맞고 재수 없는 소리 좀 못하게 시민운동이라도 벌여야 할까요?

겨울 숲의
침묵

이윽고 겨울, 낙엽이 다 진 나목 숲에 들어서면 어제의 산과는 전혀 다른 모습으로 새롭게 다가옵니다. 그 화려한 잎들을 아낌없이 다 떨쳐버리곤 발가벗고 서 있습니다. 그러지 않고는 내년 봄 새잎을 펼쳐낼 수 없다는 이 엄숙한 생명의 질서를 나무는 알고 있기 때문입니다.

나무는 바로 앞 가을까지 요사스런 치장과 두꺼운 화장으로 마치 성장한 여인처럼 요염한 자태를 뽐내곤 했습니다. 그걸 다 떨쳐버리고 알몸이 되었으니 부끄럽기도 할 텐데 전혀 그런 기색이 없습니다. 나무는 지금의 발가벗은 모습이 자기의 본성이기 때문입니다. 오히려 모든 걸 떨치고 나니 홀가분합니다. 숨길 것도 가릴 것도 없습니다. 위선도 가식도 없는 정직한 원래의 모습이 된 것입니다. 난 그래서 솔직, 정직한 겨울 나목이 좋습니다. 갑자기 내 입은 옷이 너무 두꺼워 나를 돌아보게 됩니다. 쯧쯧.

나목은 쉬 흔들리지 않습니다. 잎들은 잔바람에도 요동을 치고 호들갑을 떠는 통에 그 장단을 맞추자니 나무도 흔들리지 않을 수 없었겠지요. 가볍고 경솔하게 보이기도 했습니다. 하지만 이제 나무는 중

후한 제 모습을 찾은 것 같습니다. 이젠 중심이 꽉 잡힌 의연한 원래의 자세를 되찾았습니다.

겨울 나목의 자태는 경건함으로 젖어 있습니다. 여름의 낙엽, 가을의 향연을 베풀어준 하늘에, 그리고 우주에 감사 기도를 드리고 있습니다. 그리고 땅속 깊이 보이지 않는 곳에서 애써 준 뿌리에도 감사하고 있습니다. 잎들의 호들갑에도 꺾이지 않고 잘 견뎌준 잔가지들에게도 두 손 모아 감사를 드리고 있습니다.

그리고 이제 곧 다가올 설한풍을 잘 견뎌내자고 여문 다짐을 하고 있습니다. 다가올 겨울의 혹한에 나무는 알몸으로 버티고 섰습니다. 그 기개가 놀랍습니다. 든든하고 믿음직합니다. 힘이 없어서야 어찌 가능이나 한 일이겠습니까.

알몸으로 버티고 선 역도선수, 씨름선수를 방불케 합니다. 나목들의 우람한 체구에 힘이 넘칩니다. 여름날 우리가 지치고 피곤할 때 나무 등에 기대앉으면 그지없이 편안하고 힘이 솟는 경험, 그 근원이 나목에서 비롯됨을 알게 되었습니다.

겨울 숲은 어느 계절보다 조용합니다. 바람이 자면 숲은 깊은 침묵으로 빠져듭니다. 그 침묵의 힘에 눌려 절로 걸음을 멈추게 됩니다. 이 침묵의 의미가 무엇인지 나목 앞에 어깨가 무거워집니다. 나무도 깊은 묵상을 하고 있습니다. 수많은 세월, 온갖 풍상을 겪은 이 나무는 겨울 숲 깊은 침묵의 의미를 알고 있는 것 같습니다.

나무는 지금 조용한 휴식을 취하고 있습니다. 하지만 정중동靜中動, 조용히 서 있지만 나무는 속으로 무척이나 바쁩니다. 마지막 정열을 내뿜어 붉은 단풍의 향연을 마쳤으니 무척 지치고 힘듭니다. 관객도 배우도 떠났지만 나무는 다음 무대를 위한 준비를 게을리 할 수 없습니다. 내년 봄 새싹을 준비하기 위해 나무는 안을 충실히 다져야 합니다. 안으로 익어가야 합니다. 겨울 숲의 깊은 침묵이 이해가 될 듯합니다.

아! 사계절
한국의 산야

사계가 분명한 한국의 산야를 사랑합니다. 내가 잡목수풀을 좋아하는 것도 거기엔 사계가 분명하기 때문입니다. 계절마다의 독특한 아취가 일상의 반복에 찌든 권태를 말끔히 씻어내고 새로운 기운으로 넘치게 해줍니다. 봄은 봄대로 여름, 가을 그리고 겨울…… 어느 계절을 탓하리오.

　　더 열심히 그 순간을 사랑할 것을
　　모든 순간이 다 꽃봉오리인 것을

정현종의 〈인생 예찬〉입니다. 그렇습니다. 어느 계절이 좋지 않으리. 보내고 나면 아쉬운 것을 지난 계절을 좀 더 사랑하고 가까이 했어야 했을 것을.

상록수도 아름답고 고맙긴 하지만 언제나 거기 그렇게 한결같이 있으니까, 인간의 타성으로 보게 되지요. 그 아름다움을 미처 모르고 지내기 일쑤입니다. 심지어 거기 있는 것조차 의식 못한 채 그냥 지나쳐버리곤 해서 참 미안한 생각도 듭니다.

'너도 때론 변하는 게 있을 것을 그랬지. 그래야 새로운 변화에 눈길이 갈 텐데.'

2장. 사계

그래서일까요. 사람도 한결같은 사람은 그리 탐탁지 않게 여겨집니다. 여기엔 물론 내 인격적인 미숙함도 있겠지요. '그게 어찌 사람일까' 하는 생각까지 드는걸요. 슬픈 땐 울고 기쁠 땐 웃고 발끈 성도 내고, 때론 토라지기도 하고, 변덕도 좀 있으면 어때? 그것이 인간의 본성 아닌가요. 한결같은 사람은 뭔가를 숨기고 있는 것 같습니다. 가식, 위선이랄 것까진 없지만 어쨌거나 솔직한 사람은 아닐 거라는 생각이 듭니다. 해서 가까이 하고 싶지 않은걸요.

자연은 꽤나 심술궂고 변덕쟁이입니다. 홍수는 뭐며 가뭄은 또 뭐란 말입니까. 태풍은 마치 인간의 오만을 꾸짖기나 하듯 당당합니다. 세계 최고의 위용, 최첨단 장비 운운하던 인간의 과학이 태풍 앞에 너무 무력하고 무색합니다. 그 큰 배도 단숨에 뒤집어 삼켜버리곤 합니다.

언젠가 〈타이타닉〉 영화를 보면서도 같은 생각을 했습니다. 최첨단, 최고 호화선이 빙산에 부딪쳐 침몰하다니! 자연 앞에 인간이 얼마나 겸허해야 하는가를 보여주고 있습니다.

자연은 변덕스럽습니다. 그래도 그건 잠시, 자연은 순환의 질서에 따라 엄격하게 돌아가고 있습니다. 그게 자연스런 자연의 본 모습입니다. 우리가 자연에 친근감을 느끼는 것도 때론 변덕스럽기도 한 자연이 있어서일 겁니다.

우리나라는 천혜의 지정적 위치에 있어서 지금도 사계가 분명합니다. 하지만 근년엔 차츰 아열대로 바뀌어가고 있다니 새로운 걱정입니다. 삼한사온도 없어져가고 봄도 가을도 짧아져가고 있다는 걸 피부로 느낄 수 있게 되었습니다. 어쩐지 불길한 징조가 아닌가 하는 생각이 듭니다. 그래서일까요, 요즈음은 계절마다의 새로운 아취가 너무 고맙고 신기해서 눈물이 날 지경입니다.

3장

느리게, 작게

자연시간과 인간시간

늦가을 밤나무 아래 한가로이 앉아 있노라면, 툭툭, 여기저기 밤 떨어지는 소리가 꼭 반가운 손님의 발자국 소리와 같습니다. 내 어깨에도 툭! "노형! 무슨 생각을 하고 있소?" 나를 토닥거리며 정겹게 묻습니다. 내 고뇌를 자기가 대신 풀어주기라도 할 듯, 위로를 하는 건가. "그래 고맙다. 때가 되니 떨어져 우린 좋은 벗이 되는구나!"

그렇습니다. 밤도 사과도 익어야 떨어집니다. 때가 와야 모든 게 이루어진다는 이 평범한 교훈을 우리는 무시하고 삽니다. 빨리 커라! 빨리 익어라! 익을 때까지 기다리지 못하고 안달입니다. 비료도 주고 약도 뿌리고 봉지로 감싸고 유전자 변형까지, 온갖 요술을 부리며 빨리 익기를 재촉합니다. 인간의 성화를 못 견뎌 자연이 몸살을 앓고 있습니다.

우린 지금 대자연의 순환원리에 대항, 가당찮은 도전을 하고 있습니다. 겁도 없이. 자연계는 엄격한 시간의 질서에 따라 돌아가고 있습니다. 자연시간에는 태어나고, 성장, 자식을 낳고, 늙고, 죽는 생명체마다 시간의 질서가 정해져 있습니다. 지구 탄생 후 수십억 년, 진화의 과정을 거쳐 서서히 흘러온 시간의 궤적이 담겨 있습니다. 자연계는 자연의 시간이 있습니다. 이게 엄한 자연의 질서입니다. 물에는 물의 시간이, 강에는 강의 시간이 물론 정해져 있습니다.

하지만 인간이란 동물은 자기들끼리의 시간을 따로 만들었습니다. 문제는 자연시간과 인간사회 시간이 잘 맞아 돌아가지 않는다는 사실입니다. 인간은 자연시간을 가만두지를 않습니다.

'경제'라는 마물이 등장, 사회시간이 빨라지면서 자연시간과의 간극이 자꾸 커지고 있습니다. 드디어 인간은 자연시간마저 단축하려는 엄청난 시도를 감행하고 있습니다. 생태계 난조는 불 보듯 뻔합니다. 그리고 끝내는 인간의 리듬마저 무너지고 있습니다. 해외여행에 시차로 시달려본 사람이면 실감할 수 있습니다.

선마을 앞뜰에 지은 농사가 제법입니다. 상추, 고추, 참깨, 감자, 고구마……. 철 따라 온갖 야채를 심었습니다. 하지만 그리 풍성하진 않습니다. 비료나 농약을 쓰지 않기 때문입니다.

우리는 경남 고성군의 생명환경농법을 그대로 쓰고 있습니다. 산야에 지천으로 널려 있는 풀들을 모아 발효시킨 것을 비료나, 농약으로 쓰니 완전무공해 유기농입니다. 이야말로 신선한 자연산 그대로입니다. 그리고 쌀이나 과일, 축사물도 고성군에서 사 쓰고 있습니다. 화학적 가공은 일체 없이 자연의 순리에 따라 지은 농산물입니다. 정성스럽게 가꾸고 때가 되기를 차분히 기다려왔습니다. 농사일이란 자연시간에 따라 '기다리는 것'이 전부라는 생각이 들 때가 있습니다. 기다리지 못하는 도시인이 빈약한 우리 텃밭을 보고 무슨 생각을 하게 될지 궁금합니다.

산이 주는 교훈은 기다림인 것 같습니다. '빨리 새싹아!' 하고 발을 동동 굴려야 산은 끄덕도 하지 않습니다. 그저 봄이 오기를 기다려야 합니다.

기상이변이
아니라니

캐나다의 노 기상학자가 빙하가 녹아내리는 골짜기에서 지구인을 향해 호소합니다.

"이 아름답고 장엄한 빙하 꼬리가 자꾸 짧아져 산으로 올라가고 있습니다. 근년엔 더 빨라지고 있습니다. 금세기 내에 이 아름답고 장엄한 빙하는 영원히 지구상에서 자취를 감추게 됩니다."

요 몇 년 사이 온 세계가 기상이변으로 큰 재앙을 겪고 있습니다. 한여름 아프리카에 눈이 내리는 장면을 상상이나 할 수 있겠습니까? 대단한 이변입니다. 그러나 지구인 여러분, 'This is not abnormal, but normal.' 이건 이변이 아닙니다. 성급한 인간들이 과학이라는 이름으로, 개발이라는 명분으로 이렇게 지구를 못살게 굴고 있으니 드디어 남극 북극의 빙하까지 다 녹아내리고 있습니다. 지구온난화가 이렇게까지 진행되고 있으니 기상이 이렇게 되는 게 정상입니다. 그런데도 기상이 옛날 같다면 그거야말로 이상입니다.

지구온난화는 인류의 종말을 예고하는 불길한 징조입니다. 자연시간을 무시하고 서둘러대는 조급한 사람들의 소행이 끝내는 무서운 재앙을 불러오고 있습니다. 금세기 내에 생물종의 삼분의 이가 멸종

될 것이라는 끔찍한 보고도 나와 있습니다. 인간도 성할 리 없습니다. 이 모두가 효율이라는 이름으로 사회시간을 단축하는 데 심혈을 기울인 인간들에게 우주가 내린 보복입니다. 지구가 인간이란 동물과의 공생을 포기하고 있는 징조입니다.

양계장에 가본 적이 있나요? 계란을 빨리 많이 낳게 하기 위해 24시간 불을 켜 놓고 있습니다. 조경이랍시고 밤새 나무에 조명등을 훤히 비춘 곳도 있습니다. 이건 폭력입니다. 인간이란 동물이 자연계에 저지르고 있는 범죄행위입니다. 한겨울에 장미를 보는 것도 이젠 이상하지도 않게 되었습니다. 들엔 비닐하우스로 뒤덮였습니다. 냉방·온방 시설까지 다 갖추어져 있습니다.

선마을엔 주차장에서 숙소까지 거리가 한참이나 됩니다. 그리고 맨땅의 보행로는 울퉁불퉁입니다. 그 길을 천천히 걷노라면 새소리, 물소리, 맑은 공기, 아름다운 야생화, 수려한 경관에 넋을 잃고 맙니다. 이 길을 두고 평탄한 아스팔트길을 차로 훌쩍 올라가는 막무가내도 더러는 있습니다. 우리가 이 길을 세심로洗心路라 이름 붙인 사연을 알기나 할런지 궁금합니다. 우리 마을은 잠든 숲을 깨우지 않으려 세심한 배려를 하고 있습니다 눈앞의 작은 편이를 위해 자연성을 훼손하다간 끝내 너무도 소중한 것을 잃고 되돌릴 수 없을지 모릅니다.

효율과
인간 소외

채플린은 컨베이어 벨트 앞에서 빈틈없이 밀려오는 너트를 끼우는 직공입니다. 잠시 한눈을 팔다간 나사가 쌓여 공장 전체가 작동을 멈춥니다. 정신이 없습니다. 사람이 아니라 기계입니다. 더 빨리, 더 많이, 싸게…… 효율이라는 이름으로 '인간'의 존재는 무시되고 맙니다. 불쌍한 채플린은 길에서 여자 코트에 달린 단추를 보자 그걸 채우려고 쫓아가다 끝내 경찰에 연행됩니다. 효율에 혈안이 된 공장장은 점심시간을 절약하기 위해 일하면서 먹을 수 있는 자동 식탁을 준비합니다. 자동 스푼이 너무 빨리 돌아가는 통에 숨도 못 쉬고 씹지도 못한 채 억지로 삼키느라 큰 눈을 부라리며 땀을 흘리는 그의 난감한 표정에 관중은 포복절도를 합니다. 하지만 그건 슬픈 현대인의 자화상입니다. 기계문명, 효율 문명에 쫓긴 현대인의 비극입니다. 인간소외가 20세기 화두로 떠오른 건 그래서입니다.

20세기 산업사회의 신화는 효율 중시에서 비롯됩니다만 인간소외라는 무서운 재앙을 초래하게 됩니다. 우리의 자랑 KAL 국내선, 탑승 직전 표를 넣으면 기계에서 '감사합니다.' 하고 인사를 합니다. 거기엔 멀쩡하게 잘생긴 직원들 네댓 사람이 서성이고 있습니다. 인사를 기계에 맡겼으면 됐지 직원들은 왜 거기 섰는지, 기왕 서 있다면 손님에게 눈인사라도 건네야 할 게 아닌가요? 항공사는 한 나라 문화를 대표 선도합니다. 우린 지금 기계문명에 소외된 채 인간적 접촉Human Touch에 목말라 하고 있습니다. 이걸 모르지 않을 텐데 기계가 사람 대신 인사를 하게 하다니! KAL 이종희 대표를 만난 자리에서 난 이 문제를 심각하게 제기했습니다. 바로 3일 후 이 대표가 직접 전화를 주셨습니다. 기계 대신 직원이 인사하기로 했다는 겁니다. '역시 KAL은 다르구나. 감사합니다.'

드라마 〈대장금〉이 전 세계인의 심금을 울렸습니다. 성공의 요인이 많겠지만 뭐니 해도 물 한 잔에도 정성을 담는 인간적 접촉Human Touch에 현대인이 공감하기 때문입니다. 패스트푸드가 철퇴를 맞고 있는 것도 거기엔 사람의 정성이 담겨 있지 않기 때문입니다. 사람 냄새가 나지 않습니다. 효율은 원래 기계에서 쓰는 말이지만 이제 인간에게도 쓰이게 되었습니다. '인간=기계'라는 의식에서 비롯된 20세기 최대의 재앙은 여기서 비롯됩니다. 인간성 회복운동은 작은 데서 출발합니다.

우리 식탁의 '30-30 규칙'을 들어보셨나요? '한 입에 30번 씹고 한 끼에 30분'은 걸려 먹자는 건강 운동입니다. 꼭꼭 씹어 천천히 먹어야 음식 고유의 맛을 음미할 수 있습니다. 그리고 그게 건강의 지름길입니다. 맛있게 남김없이 다 먹어야 합니다. 그게 우리 입으로 들어가는 음식물에 대한 예의입니다. 참고로 한국인의 한 끼 평균 시간은 13분입니다. 뭐가 그리 급한지.

여러분은 먹으면 소화가 절로 되는 줄 알지만 천만의 말씀입니다. 소화만큼 복잡하고 중요한 일은 없습니다. 소화 없이 생명은 없습니다. 소화를 시켜 영양분을 흡수하고 대기의 공기를 빨아들여야 생명이 탄생되고 유지가 됩니다.

신 포도를 먹을 생각만으로 벌써 입에는 침이 돕니다. 신 포도를 소화시킬 효소를 분비하기 때문입니다. 따라서 잘 씹어야 침과 반죽이 잘되어 소화가 잘됩니다. 침은 강력한 소화제요, 면역력, 항암력, 살균력까지 갖추고 있어서 인간이 만든 어떤 것보다 강력한 효력을 갖고 있습니다. 그리고 잘 씹어야 뇌 속에 세로토닌이 분비되어 식욕 조절은 물론이고 행복하고 만족합니다. 대뇌 운동으로 전달되는 운동감각의 50%는 씹는 턱관절 운동에서 오고 나머지 팔, 다리에서 각 25%씩입니다. 잘 씹어야 뇌가 활성화되리란 건 이해가 되지요? 천천히 여유 있는 즐거운 식사가 이렇게 중요합니다.

여백
증후군

남미 에콰도르 강변, 미국 사업가가 바쁘게 여행을 하고 있습니다. 초라한 배에 한 어부가 꾸벅꾸벅 졸고 있습니다.

딱히 여긴 미국 사업가 "고기를 더 잡지 않고 왜 그러고 있소?"

놀란 어부가 힐끗 쳐다보더니 "더 잡으면 좋은 일이라도 있소?"

"돈을 더 벌지요."

"더 벌면?"

"큰 배도 사고 좋은 그물도 사서 많이 잡으면 돈 걱정 없이 느긋하게 낚시를 즐기면서 한가로이 살 수 있을 것 아니겠소."

어부는 기가 차서 "내가 지금 그러고 있잖소. 당신이 내 낮잠을 방해하기 전까진."

비즈니스는 'Busy', 바쁘다는 어원에서 유래되었다고 합니다. 비즈니스맨은 기본적으로 바빠야 합니다. 실제로 사업이 잘되느냐고 물을 땐 "Busy?"라고 묻습니다. "응, 바빠!" 하면 잘된다는 뜻입니다. 반대로 "Slow."라고 하면 장사 잘 안 된다는 뜻입니다.

밀려오는 손님으로 밥 먹을 시간도 없을 때 '즐거운 비명'을 울린다고 합니다. 그래야 만족하고 안심합니다. 정말 그럴까요?

그렇게 생각한다면 당신도 '여백 증후군'입니다. 수첩에 빈칸이 있으면 불안해 어쩔 줄 모르는 사람입니다. 무슨 큰일이나 놓친 듯, 삶에 큰 구멍이나 난 듯 안절부절못합니다. 이걸 일명 '이러면 안 되는데!' 증후군이라고 합니다. 어떻게든 수첩에 일정을 빽빽하게 메워야 비로소 안심이 됩니다.

그렇습니다. 한가롭게 사는 사람에게 이 세상은 참으로 냉정하고 냉혹한 곳입니다. 바삐, 정신없이 달려야 합니다. 열심히 살아야 합니다. 치열한 삶이어야 합니다. 하지만 우리가 잘 알다시피 인간은 기계가 아닙니다. 기계도 과열되면 고장이 나는 법인데. 이렇게 바빠서야 뇌라고 성할 리 없습니다. 휴식 없이 달리면 뇌가 열을 받습니다. 실제로 뇌온도를 측정해본 많은 연구가 있습니다. 뇌에 열이 나면 정교하게 얽혀 있는 뇌신경망이 제대로 돌아가질 못합니다. 주의 집중은 물론 안 되고 계산도 제대로 되지 않습니다.

이때 처방은 잠시의 휴식입니다. 뇌를 식혀야 합니다. 뇌과학에선 '쿨 다운Cool Down'이라고 합니다. 자동차 엔진도 냉각수로 열을 식혀야 기계가 제대로 작동하는 원리와 똑같습니다.

우리는 일상에서 '열 받는다.'고 합니다. 그땐 어떻게 하나요? 밖의 찬 공기를 쐬기도 하고 찬물로 세수도 하고 찬 수건으로 머리를 식혀 줍니다. 모두 쿨다운 기법들입니다. 이럴 때 가장 확실한 방법은 휴식입니다. 수첩엔 간간히 여백도 있어야 합니다. 바쁘면 상상력도 솟아나지 않습니다. 바쁘면 인간관계도 메말라버립니다. 모든 인간관계는 일정한 시간과 여유가 필요합니다.

가까운 공원이나 산에 가는 것도 좋은 방법입니다. 아무 일 말고 그냥 멍하니 산만 바라보고 계십시오. 그게 바쁜 당신에게 내가 내릴 수 있는 처방의 전부라는 것 잊지 마십시오.

바빠 즐거운 비명이라지만 그러다 진짜 큰 비명을 질러야 할 수도 있습니다. 몸이 구급차를 부르게 합니다. 들어보셨지요? '일과 생활의 균형Work Life Balance - WLB'. 열심히 일하면서, 삶을 여유롭게, 둘 사이에 균형이 잡혀 있어야 합니다.

동반의
흐름

이제 결론은 분명해졌습니다. 자연계에 자연시간을 돌려줘야겠습니다. 그리고 우리 생활도 자연시간과의 조화를 이루도록 해야겠습니다.

내 어릴 적만 해도 농촌은 참으로 한가했습니다. 십리 길 학교 오가며 메뚜기도 잡고 콩 서리도 해먹고, 소가 풀 뜯는 사이 풀밭에 누워 하염없이 하늘을 쳐다보던, 혼자만의 즐거운 공상시간도 있었습니다.

알고 있습니까? 우리가 인터넷, 휴대폰이 없는 세상을 살았다는 사실을? 그리고 그게 그리 먼 이야기가 아니란 사실을? 겨우 10년 남짓 합니다.

미국 영화를 보노라면 숨을 쉴 수가 없습니다. 주인공의 쫓기는 하루가 시작됩니다. 출근길 넥타이를 매면서 가방을 옆구리에 끼고 한 손에 커피, 조간신문 펼쳐 들고 샌드위치 입에 물고…… 숨 쉴 틈 없이 돌아갑니다.

20세기 산업사회의 신화는 이렇게 만들어졌습니다. 불행히 인간은 빠르게 움직이는 상태에선 아무것도 느낄 수 없습니다. 애인과의 격정적인 순간엔 행복도 못 느낍니다. 숨을 죽이고 차분한 기분이 될 때 비로소 행복이라는 느낌이 아련히 밀려옵니다.

우리는 쫓기느라 너무나 소중한 것들을 많이 잃고, 그리고 잊어버렸습니다. 그러나 안타깝게도 삶의 현장에선 느린 걸음이 설 자리가 없습니다. 빠른 사고, 빠른 행동이 자유를 낳고 여유를 만들어줍니다. 참으로 아이러니가 아닐 수 없습니다.

느리게, 빠르게, 이야기가 좀 어렵게 되었나요? 그렇습니다. 여유를 갖고 때론 천천히 가려고 해도 그게 잘 되지 않습니다. 주변이 너무 빠르기 때문입니다. 스티븐 레츠샤펜은 이를 '동반의 흐름 Entrainment'으로 정의했습니다. 주변이 빨라지면 나도 모르게, 자동적으로 빨라지는 무의식의 과정입니다.

차를 몰아보면 이런 현상이 너무 분명해집니다. 나 혼자 규정 속도를 지키려고 해도 되지 않습니다. 주위 차들이 속도위반하며 빨리 달리면 나도 차량의 흐름에 따라 빨라지지 않을 수 없습니다. 이땐 혼자 규정을 지키려다 자칫 사고를 낼 수도 있습니다. 경찰도 그런 사정을 감안, 크게 문제 삼지를 않습니다.

우리는 '고속 기차에 함께 탄 승객'입니다. 내 마음대로 속도조절을 할 수가 없습니다. 지구의 끝까지 날아가는데도 몇 시간이 걸리지 않습니다. 물론 이런 고속기술의 발달이 꼭 나쁜 것은 아닙니다. 박진감 넘치는 스포츠, 영화를 미치도록 즐기고 있으면서, 또 한편으로 잠시 여유가 그리운 것도 사실입니다.

동반의 흐름을 피하기 위해선 일단 도심을 떠나야 합니다. 도심 근교의 산도 자칫하면 줄지어오는 등산객으로 그 흐름에 말려들 수 있습니다만. 이 세상 어디엔가 혼자 한가하게 지낼 수 있는 곳, 그런 곳이 내게 있다는 건 정녕 큰 축복입니다.

이탈리아 '느림의 마을' 부락 사람들은 현명했습니다. 여긴 빠름의 상징인 차가 없습니다. 마을 전체가 여유만만입니다. '동반의 흐름'을 차단하기 위해서죠. 한국에도 이런 도시가 생겨나고 있고, '천천히Slow 운동'이 슬슬 본격화되기 시작한 것도 참 다행입니다. 지천에 널린 산을 두고 이런 운동이 한국에도 일어나야 한다는 게 아이러니이긴 합니다만.

절제의 미덕

"다음 비행기도 있습니다."

아름다운 호수에서 겨우 사진 한 장 찍곤 바쁘게 버스에 올라타는 우리를 보고 딱했던지 늙은 운전사가 하는 소리입니다. 비행기 시간에 맞추려니 서두를 수밖에. 하지만 그곳 페루 사람들 생각은 우리와는 사뭇 다릅니다. 오늘 못 타면 내일도 날인데, 서둘러야 하는 이유를 이들은 이해 못하는 것 같습니다.

브라질의 밤은 화려했습니다. 밤이 깊어갈수록 점점 무도회장은 달아올랐습니다. 하지만 우린 내일 또 먼 여정을 소화해야 합니다. 아쉬운 자리를 뜨는 우릴 보고 안내원이 놀라 묻습니다. "재미가 없느냐?"고. "파티야 신나고 재미있지만 내일 일정 때문에."

"네? 내일 일정?"

지금 여기가 재미있으면 더 즐겨야지, 내일을 위해 오늘의 기쁨을 버리다니? 이들로선 상상도 할 수 없는 일, 도저히 이해를 못하겠다는 겁니다.

우리에겐 절제가 미덕이었습니다. 내일을 위해 오늘을 적당히 즐기고 놀아야 합니다. 어릴 적부터 절제 교육이 철저했습니다. 나중에

늙어 잘살기 위해 젊은 날의 오늘 노는 걸 절제하고 공부에 열을 올려야 합니다. 그래야 남보다 빨리, 멀리 갈 수 있습니다. 40대를 위해 30대를 절제하고, 또 50대를 위해 40대를 절제해야 합니다. 쓰지도 즐기지도 못하고 오직 앞만 보고 바쁘게 달려야 합니다. 우리에게 여유니 즐김이니 하는 건 사치였죠. 죽어 저승에 가서 잘 쓰고 잘 놀기 위해 평생을 절제하고, 죽어라고 바삐 뛰어야 하는 건 분명 아닐 텐데. 천천히 걸어야 멀리까지 간다는 남미 사람들과는 아예 삶의 방식이 다릅니다.

'내일을 위해 좀 참아두자. 쓰지 말고 더 모아야 한다.' 그러니 언제나 모자랄 수밖에 없습니다. 더, 더, 더를 외치는 사람에겐 언제나 부족감, 불만감, 결핍감과 함께 항상 거지 근성으로 쫓기고, 쪼들리며, 시달려야 합니다. 뇌과학에선 이처럼 끝없는 욕심을 '도파민적'이라 부릅니다.

뇌 속의 이 호르몬은 뭔가를 이루고 싶을 때, 갖고 싶을 때 벌써 가슴이 설레기 시작합니다. 이게 도파민의 작용입니다. 그리고 그걸 얻기 위해 접근합니다. 손에 들어올 듯하면 도파민 분비가 더욱 많아집니다. 드디어 잡았습니다. 이루었습니다. 그땐 도파민 분비가 최고조에 달합니다. 주위 사람들이 부러워합니다. 칭찬합니다. 기분 째집니다. '더 큰 걸 또 해야지!' 의욕에 넘칩니다. 도파민을 일명 '의욕 호르몬'이라 부르기도 합니다.

불행히 이런 들뜬 기분이 오래가지 않습니다. 시간이 지나면 시큰 둥, 당연할 걸로 됩니다. 이게 도파민의 약점, 습관성입니다. 그러면 현재 가진 것이 모자라고 불만입니다. 환희를 맛보려면 보다 더 큰 것에 도전해야 합니다. 도파민적 가치관으로 사는 사람에겐 끝이 없습니다. 인간의 욕심에 끝이 없는 건 도파민 탓입니다. 그런 한국 사람을 남미 사람이 보기엔 딱할 수밖에 없지요.

〈개미와 베짱이〉 이야길 좀 해야겠습니다.
여름내 놀기만 하던 베짱이가 겨울이 되자 개미집에 구걸하러 갑니다.
"거봐, 내가 뭐랬어?"
개미가 혀를 끌끌 차며 나무랍니다. 이 게으른 베짱이에게 먹을 걸 줄 것인가 말 것인가? 서구에선 당연히 '노No'지요. 원전에 의하면 문전박대를 맞고 쫓겨난 베짱이가 춥고 배고파 얼어 죽는 걸로 되어 있습니다. 이솝이 서구인이니까 이야기가 그렇게 될 수밖에.
서구에선 열심히 일해 모은 걸 게으름뱅이에게 내줄 수 없다는 게 그들의 책임논리입니다. 잘 먹고 잘 놀았으면 응분의 값을 치러야 한다는 게 냉엄한 서구사회입니다.

하지만 한국의 인정은 그래도 줘야 한다는 것. 개미 입장에선 괘씸하지만 불쌍하니 주어야 한다는 게 한국의 인정문화입니다. 이게 서구사회의 책임문화와 확연히 다른 점입니다.

문화가 다르면 건강에 대한 가치관은 물론이고 보험정책도 달라집니다. 서구에서는 베짱이에게는 보험료가 훨씬 비싸게 책정됩니다. 흡연, 과음, 비만 등 나태한 생활자에겐 보험료가 비쌉니다. 건강 예방지침을 따르지 않으면 심지어 계약을 파기합니다. 성실한 사람들이 비축해 놓은 보험 재정을 게을러 병이 생긴 제멋대로의 사람에게 지불할 수는 없다는 게 서구의 책임논리입니다.

철저한 1차 예방 교육을 시키고, 그래도 무절제한 생활로 발병이 되면 보험료가 껑충 뜁니다. 자기 편한 대로 잘 먹고 잘 놀았으면 응분의 값을 치러야 한다는 철저한 책임문화의 소산입니다. 물론 고령자나 전염병, 유전적 소인이 강한 사람에겐 공적 보조가 있습니다. 이런 사회제도는 생각해보면 합리적입니다. 우리나라도 차 사고를 내면 보험료가 비싸지 않던가요.

하지만 건강보험만큼은 인정적人情的입니다. 보험이 민영民營인 서구와는 달리 우리는 관에서 징수합니다. 해서 병이 나면 정부가 책임을 져야 한다는 게 당연한 논리로 받아들이고 있습니다.

의료는 복지, 어떤 생활을 한 베짱이든 일단 병이 난 이상 정부가 책임을 져야 한다는 인정문화입니다. 건강을 지키느라 흡연, 음주, 먹을 것을 참고 싫은 운동을 열심히 한 성실한 국민으로서는 억울합니다. 그래도 말을 못하는 게 한국의 인정문화입니다.

"내 인생 내가 사는데 왜 그래? 굵고 짧게 살겠다는데 왜 그래?"
이게 자제할 줄 모르는 나태한 자의 변입니다. 문제는 굵게는 살 수 있지만 짧게는 안 됩니다. 제 마음대로 죽지 못하기 때문입니다. 암, 당뇨, 고혈압 등 생활습관 병이란 것이 쉽게 죽지 않는 병, 장기 질환입니다. 뇌졸중, 심근경색증 등은 일단 발병하면 평생 회복이 불가능합니다. 따라서 평균 10년은 앓다가 죽는 게 한국인의 건강 실태입니다. 앓아누우면 결국 가족, 이웃, 정부의 부담으로 돌아옵니다. 내 인생 내가 사는데? 천만에요.

어느 날 개미집에 가보니

우리에게 많은 인생교훈을 주었던 이솝우화에 대해서도 풍요로운 사회가 되면서 사람들의 생각이 차츰 달라지고 있습니다. 〈흥부와 놀부〉 등 전래 동화에 대한 해석도 달라지고 많은 패러디가 생겨나고 있습니다. 〈개미와 베짱이〉 우화는 특히 건강이라는 측면에서 보면 원전과는 아주 다른 해석도 얼마든지 가능합니다. 그리고 중요한 것은 이런 해석에 의학적 근거가 있다는 사실입니다.

베짱이가 외상값을 받으러 개미집에 갔습니다. 여름내 공짜 공연을 즐겨 들은 덕분에 일도 열심히 할 수 있었으니 당연히 개미에게 관람료를 물려야 한다는 논리입니다. 좋은 엔터테이너인 베짱이로선 당연한 권리입니다.

한데 문을 두들겨도 대답이 없습니다. 열고 들어서니 이게 웬일인가. 개미가 떼죽음을 한 것입니다. 하나라도 더 모으겠다고 이를 악물고 일하다 그만 고혈압, 심장병으로 죽은 놈도 있고 일을 않고는 못 배기는 일 중독증이라 한겨울에도 일하러 나갔다 동사한 놈, 과로사로 죽은 놈도 있습니다. 잠시 쉬면 무슨 큰일이나 날 것 같아 불안 공황발작으로 죽은 놈도 있습니다. '모아놓은 걸 먹기만 하니 이러다 살림 바닥이 나는 건 아닌가.' 발발 떨고 아끼다 굶어 죽은 놈도 있습니다. 반대도 있습니다. 그렇게 죽으라고 일하던 놈이 갑자기 너무 편하게 쉬고 먹기만 하다 보니 생활리듬이 완전히 무너져 당뇨병에 걸려 죽은 놈도 있습니다.

"쯧쯧 거 봐, 내가 뭐랬어?" 베짱이가 기가 막혀 하늘을 보고 웃습니다.

한국 개미의 특성

현대 한국인은 후천성 A형 성격입니다. 눈만 뜨면 치열한 경쟁 속으로 뛰어듭니다. 한 걸음도 늦으면 안 됩니다. 성공 지향적입니다. 안정된 미래를 위해 한 푼이라도 아껴 모아야 합니다. 가히 미래 공포증입니다. 이러니 이들은 온종일 만성교감신경 흥분상태입니다. 혈압이 오르고 호흡이 거칠고 혈당이 높습니다. 인슐린 분비로 높은 혈당을 지방으로 비축합니다. 배가 나옵니다. 복부비만은 무서운 생활 습관병입니다. 심장병, 고혈압, 암, 당뇨병 등의 생활습관병에 걸릴 확률이 보통 사람의 3~5배 높아집니다. 특히 허리둘레 남 90cm, 여 85cm 이상이면 강력한 대사증후군 후보입니다. 발병 일보 직전의 위험군 제1호입니다.

과음, 흡연, 기름진 안주, 폭식, 과로…… 이런 생활을 하고도 건강하다면 그건 기적입니다. 이게 더욱 악질인 것은 '이러면 안 되는데…….' 하면서 계속하는 데 있습니다. 사업상, 접대용으로 어쩔 수 없다는 게 개미들의 변입니다. 이게 더 큰 문제를 만듭니다. 싫은 걸 억지로 하는 것만큼 악질적인 스트레스는 없습니다. 한국형 일 중독증 개미의 슬픈 현실입니다. 이게 '여백증후군'이란 사실, 알고 계시죠. 거기다 지나친 미래 공포증, 미래를 걱정하는 나머지 언제나 불안할 뿐, 현재를 즐길 줄 모릅니다. 차라리 베짱이처럼 즐기는 게 속 편합니다.

누가 누굴 나무라?

개미는 절제 못하는 베짱이의 삶을 이해 못합니다. 흉도 보고 나무랍니다. 하지만 건강이란 측면에선 전혀 그럴 입장이 못 됩니다. 자제를 못하는 건 개미도 마찬가지, 양자 모두 절제 결핍으로 인해 생활습관병이라는 종착역은 같습니다. 그럴 바엔 차라리 신나게 놀고 하고픈 것 하고 병에 걸리는 베짱이의 삶이 차라리 낫겠다는 생각도 듭니다.

개인적으로 나도 철저한 개미군단의 일원입니다. 사회 기생충 같은 베짱이의 생활이 영 못마땅했습니다. 하지만 요즈음은 생각이 많이 달라졌습니다. 베짱이보다 개미가 더 걱정입니다.

우리 마을 손님은 거의가 개미형입니다. 너무 일에 쫓겨 정해 놓은 3일 프로그램을 못 견딥니다. 하루 늦게 오는 사람, 일찍 돌아가는 사람, 이들의 압력에 못 이겨 하는 수 없이 1박 2일 압축 코스를 개설하지 않으면 안 되었습니다. 문명이 닿지 않는 깊은 산골에 왔어도 잠시 내가 비우면 회사가, 아니 이 사회가 안 돌아갈 것 같은 위기의식 때문에 프로그램 종료도 전에 황급히 하산하는 뒷모습을 바라보면서 〈개미와 베짱이〉의 우화를 생각해봅니다. 개미에게도 적절한 휴식을 취할 수 있는 절제가 있어야 합니다. 베짱이에게 놀이의 절제가 있어야 하듯.

'Stop & Think', 잠시 여유를 갖고 자기를 돌아봐야 하겠습니다. 이대로 가도 되는 것인지, 지금 내 건강은 어떤 상태인지, 왜 이렇게 되었는지 한 번쯤 생각해봐야 합니다. 멀리 넓게 관조할 수 있는 여유도 있어야겠습니다. 그래야 새로운 걸 기획 창조해 낼 수도 있습니다. 적어도 '개미 쳇바퀴 돌 듯하다.'는 말은 안 하고 살아야 합니다. 다시 한 번 '일과 생활의 균형 Work Life Balance — WLB'을 생각해봐야 합니다. 균형과 조화, 이게 '건강, 성공, 행복'의 지름길입니다.

개미군단에게 간청합니다. 이번 주말은 뒷산에 한번 올라보십시오. 천천히 올라 10분만 정상에 멍하니 앉았다 오십시오. 어려운 주문도 아닙니다.

시간 부자

사모아 촌장의 〈유럽 견문기〉에 나오는 이야기 한 토막.

> 그들 '빠빠라기'는 항상 시간에 호들갑을 떤다. 그래 봐야 해가 뜨고 지는 시간이 늘어나는 것도 아닌데.

그는 언제나 시간에 쫓겨 바쁘게 사는 유럽 사람을 '빠빠라기'라 불렀지요. 그렇습니다. 아무리 바쁘게 설쳐도 하루는 24시간, 1년은 365일입니다. 시간과 에너지는 변함없는데 할 일은 많고 욕심도 많고. 현대 문명인의 갈등이 이해가 갑니다.

우리는 시간을 시, 분, 초로 빈틈없이 나누어쓰다 이윽고 산산조각을 내버렸습니다. 생방송 시간, 시계를 쳐다보는 PD들 표정은 사색입니다. 땡! 하면 마쳐야 하는데 출연자의 발언은 길어지고. 프로그램마다 저러고도 숨 쉬고 사는 게 신기합니다. 그렇게 바둥거리며 절약한 시간으로 우리 모두 시간 부자가 되어야 하는데 현실은 어떻습니까? 시간이 남아 고민이란 사람을 본 적이 없습니다. 은퇴한 노인도 마찬가지입니다. 모두가 시간 부족증으로 시달리고 있습니다. 사람이 시간에 쫓기는 만큼 악질적인 스트레스도 많지 않습니다. 경험하셨지요? 약속 시간에 차는 막히고, 죽을 지경입니다.

우리의 하루는 언제나 시간 부족증으로, 팽팽한 긴장의 연속입니다. 이게 사는 건가요? 이러다간 언젠가는 탈이 납니다. 당장의 삶의 질만이 아닙니다.

우리 몸은 말합니다. '만일 당신 스스로 멈추지 않는다면 내가 강제로 멈추게 하겠다.' 경고를 보내고 있습니다만 우린 잠시의 멈춤도 쉼도 없이 달려만 갑니다. 몸살 앓아보셨지요? 멀쩡한 몸이 갑자기 왜 이러지? 이상합니까? 천만에, 이건 이상도 아니고 갑자기도 아닙니다. 며칠 전부터 몸이 경고를 보내왔습니다. 몸이 찌뿌드드하고 능률도 안 오르고 피곤합니다. 이건 쉬라는 신호입니다. 천천히 여유를 갖고 잠시 멈췄다 가라는 경고입니다. 한데도 강행군입니다. 저러다가 사람이 죽을지도 모릅니다. 더 이상 볼 수가 없습니다. 강제로라도 쉬게 해야 합니다. 고열에 전신통, 현기증까지 아주 녹초를 만듭니다. 밥맛도 앗아갑니다. 미련한 친구가 밥맛이라도 있으면 또 먹고 일하러 나갈 테니까요. 이게 몸살의 의미입니다. 오늘 하루 군소리 말고 푹 쉬라는 신의 축복입니다. 진짜 죽기 전에 아주 초주검을 만드는 겁니다. 그만큼 열심히 뛰었으면 되었고 좋은 휴식을 준 겁니다. 몸살 후엔 다리는 후들거리지만 기분은 하늘을 날 듯합니다. 그만큼 피곤해 있었다는 증거입니다. 당신 뇌 속의 시상하부가 녹초가 되어가고 있다는 뜻입니다.

처방은 딱 한 가지, 깊은 산속에 며칠 쉬다 오는 것뿐입니다. 잦은 몸살에도 계속 적당히 때우고 강행군하노라면 다음은 잔잔한 염증이 생기기 시작합니다. 장염, 위염, 편도선염, 상기도염, 구내염, 비염…… 면역체계가 무너지고 있다는 경고입니다. 다음에 오는 게 무엇인지 아시나요? 암입니다.

시상하부를 잘 지켜내야 합니다. 여기가 생명의 중추입니다. 식욕, 성욕, 공격성, 호르몬, 자율신경, 대사, 체온, 수분조절, 체온…… 생명과 직결되는 모든 본능적 중추가 이 엄지손마디만한 작은 기관에 다 모여 있습니다. 생명 유지에 부족분이 있을 적엔 시상하부에서 신호를 보냅니다. 졸린다 – 자라는 신호죠. 시장하다 – 먹어라, 피곤해 – 쉬라는 신호입니다. 시상하부의 신호가 변연계를 통해 인간뇌인 전두엽에 전달되면 전두 전야에서 먹자, 쉬자는 명령을 내립니다. 이렇게만 된다면 아무 문제 없습니다. 문제는 시상하부에서 발하는 신호를 바빠서 못 듣거나 들어도 무시하는 경우, 이게 오래 쌓이면 심각한 문제가 생깁니다. 몸살, 잦은 염증, 다음이 암입니다.

그 시간을 아껴?

중국의 작은 거인 등소평이 국빈으로 일본을 방문할 때입니다. 일본 수상이 세계 최고 속도의 신칸센 철도를 자랑하느라 입에 침이 마릅니다. 조용히 듣고 있던 등소평이 묻습니다.

"그걸 타고 어디로 가시렵니까? 이 좁은 섬나라에서(이 말은 하지 않았습니다)."

길을 가도 차를 몰아도 나를 앞질러 가는 사람을 못 견뎌하는 사람이 있습니다. 패배감? 자존심? 기어이 따라잡아야 직성이 풀리는 습관성 경쟁 강박증입니다.

이러는 순간, 우리 몸에 어떤 일이 벌어지는지는 이미 말씀드렸지요. 교감신경의 흥분, 아드레날린, 인슐린, 심장이 뛰고 팔다리가 후들거리고……. 전형적인 스트레스 증후군이 나타납니다. 그리고 이런 상태가 오래가면 병이 된다는 것도 알고 계시죠? 뭐가 왜 그리 바빠야 하는지.

여러분은 고속도로 휴게소 어디다 주차합니까? 물어보나 마나지요. 뻔합니다. 한 발자국이라도 가까이! 이건 아주 우리 몸에 꽉 박혀 버린 고약한 습관입니다. 앞줄에 자리가 없으면 몇 바퀴를 도는 사람도 봤습니다. 그러다 차 사이에서 아이들이라도 뛰어나와 보라고. 식은땀이 납니다. 앞줄엔 언제나 여유가 없습니다. 문 열다 옆 차에 부딪치기라도 해보세요. 집단 결투가 벌어지는 광경도 목격한 적이 있습니다.

차에 오래 앉으면 다리엔 임파선, 정맥혈이 정체가 됩니다. 발이 부어 신발이 안 들어갑니다. 이대로 두면 피가 엉켜 혈전 뭉치가 됩니다. 의학적으로는 심부정맥 혈전증이라는 무서운 일이 벌어집니다. 이게 돌아다니다 심장이나 뇌로 가는 혈관을 막으면 심장, 뇌졸중 등 치명상을 입힐 수 있습니다. 이걸 풀어야 합니다. 몸의 긴장까지. 그러려면 얼마간 걸어야 합니다.

휴게소에 들어서면 왼편 입구엔 주차 공간이 널찍합니다. 거기다 세우면 가게까지 50보는 족히 걸어야 합니다. 그때 우리 몸의 혈전, 정체나 긴장이 절로 풀리게 됩니다. 이 명당자리를 두고 앞줄 다툼으로 경쟁을 해야 하다니, 우습지 않습니까?

아파트, 백화점, 공원 어딜 가든지 '주차는 멀리'라는 원칙 하나만 지켜도 5년은 젊고 건강하게 살 수 있습니다.

멈추어야
한다

100분 강연 동안, 나는 청중에게 숨 돌릴 틈을 주지 않습니다. 청중도 지치지만 난 더 죽을 지경입니다. 악을 씁니다. 마이크가 찢어져라 고래고래 고함을 질러댑니다. 숨도 제대로 쉬지 못하니 갈비뼈가 아픕니다. 혼신의 힘을 다합니다. 아주 파김치가 됩니다. 난 언젠가는 강연을 마치고 숙소로 돌아가는 길에 죽을 거란 생각을 하고 있습니다. 강연 중에 쓰러지면 청중들이 놀랄 테니까. 난 정말이지 내 강연에 혼을 바칩니다. 그리고 죽는다면 그보다 더 멋진 일이 어디 있겠습니까?

문제는 강연의 효과입니다. 사람들에게 오래 강한 임팩트를 줄 수 있어야 하는데 난 그게 잘 안됩니다. 그러기 위해선 중요한 대목에서 잠시의 쉼Pause이 필요합니다. 그래야 사람들에게 강한 인상을 주고 기억에 정착될 수 있습니다. 뇌과학적으로 이 분명한 사실을 알면서 난 마음이 급해 막 나갑니다.

음악도 그렇고 춤도 마찬가지입니다. 순간의 쉼, 짧은 멈춤이 없으면 춤도 성립되지 않습니다. 격렬한 몸짓 후 정지된 순간, 마치 우주가 정지된 듯, 강력한 힘을 느낍니다. 청중은 숨도 못 쉰 채 깊은 침묵의 순간으로 빠져 들어갑니다. 이 멈춤의 순간이 춤에 힘을 실어줍니다. 더 힘찬 에너지와 역동적인 춤으로 만들어줍니다. 이것이 짧은 멈춤의 힘입니다. 쉼은 겉으로 보기엔 정적인 것 같지만 그 속에 잠긴 힘은 참으로 역동적입니다.

우리의 바쁜 일상에 잠시의 멈춤이 필요한 것도 같은 이치입니다. 다음에 뛸 힘을 얻기 위해서도. 쉼은 주위에 그리고 내 내부에 무엇이 일어나고 있는지를 알게 해줍니다. 침묵과 고독의 의미가 무엇인지, 그리고 그게 얼마나 강력한가를 일깨워줍니다.

기독교에서 안식일을 정한 의미를 깊이 성찰해야 합니다. 불행히 현대인은 그날도 바쁩니다. 천천히, 여유롭게 그리고 얼마간의 멈춤이 필요합니다. 생존의 비결로서도 필요합니다. 불행히 도시인이 동반의 흐름에서 벗어나기란 쉽지 않습니다. 그러기 위해선 일상을 떠나 '쉽게 멈출 수 있는 곳'을 찾아야 합니다. 산은 멈춤, 쉼 그 자체입니다. 산이 뿜어내는 그 강력한 힘도 여기서 비롯됩니다.

많을수록
적어지는 것

아이들을 위한 재치 문답이 아닙니다. 이 세상엔 많을수록 적어지는 게 너무 많습니다.

신혼부부의 단칸방에 가본 적이 있습니다. 어떻게나 가구가 많던지 사람이 앉을 자리가 나지 않습니다. 부부가 발 뻗고 누울 자리나 있을는지, 난 한참 눈대중으로 재보기도 했습니다.

내 친구 중에 사업이 일일 번창하는 '행운아'가 있습니다. 차도 큼직한 걸로 사고 집도 대저택으로 옮겼습니다. 지점도 전국 여러 곳에 생기면서 요즘엔 이 친구 얼굴 보기가 힘들어졌습니다. '바쁘다'는 타령을 입에 달고 다닙니다. 녀석도 우리와의 시간이 무척 아쉬운 모양인데 만날 시간이 없는 겁니다. 많이 벌어 더 큰 집을 사면 채울 가구도 더 많아야 하니 돈도 더 들고, 당장 집 청소 한 번 하기가 만만치 않습니다. 돈을 대자니 일을 더해야 하고 그럴수록 더 바빠지고 시간은 더 없어집니다. 방을 널찍하게 쓰려면 가구를 줄이면 됩니다. 생각해보면 간단한 논리인데 이게 안 되는 게 현대인의 허구입니다. GNP가 GNHGross National Happiness와는 비례하지 않는다는 게 세계적인 조사 결론입니다. 모두가 GNP 타령을 하지만 거기엔 많은 허구가 담겨 있습니다. 아십니까? 범죄나 사고, 재해, 질병, 이혼 비용까지 경제성장의 일부로 간주된다는 사실을? 유조선 좌초로 기름 유출, 해양 오염 등 피해가 클수록 GNP가 올라간다는 이야기를 듣고 난 경악을 금치 못했습니다. 무슨 계산이 그래?

지위가 높아질수록 재산이 많을수록 시간은 적어집니다. 당장 오라는 데가 많아집니다. 싫어도 가야 할 곳이 많아집니다. 다정한 친구와 대포 한 잔 할 시간도 없습니다.

선마을 방은 자그마합니다. 그리고 아무 가구가 없습니다. 달랑 방석 한 장이 전부일 뿐 TV, 냉장고, 에어컨은 물론 선풍기도 없습니다. 선마을은 산처럼 담백 간결합니다. 사람들은 "에게게. 방이 왜 이렇게 작아." 하지만 잠시 지내노라면 "단출해서 좋다. 걸릴 게 없으니 잡념이 안 들어 좋다. 심지어 참 널찍해서 좋다."는 사람도 적지 않습니다. 작은 방이라고 불만일 수 없습니다. 생각의 차이입니다.

> 경제 시스템은 지금 갖고 있는 물건에 대한 불만을 연료로 해서 움직이는 기계다.

마이어드의 명언입니다. 그러니까 가질수록 불만이 커질 수밖에 없는 것이지요. 그는 이어서 "행복이란 원하는 것을 손에 넣는 게 아니고 갖고 있는 걸 원한다고 생각하는 것이다." 했습니다. 멋진 이야기 아닙니까? 잠시의 여유, 역전의 발상, 자기 성찰이 전혀 다른 마음의 세계를 만들어 줍니다. 명상적 사색이 필요한 이유가 이해되었으면 좋겠습니다.

관조의 시간

나는 관조觀照라는 말을 좋아합니다. 젊은 날 바삐 쫓겨다녀야 할 적엔 그럴 여유도 지혜도 없었지만 요즈음은 관조하려고 제법 노력하고 있습니다. 그럴수록 그 뜻이 무겁고 지혜의 깊이가 더해지는 것 같습니다.

관조는 바로 명상입니다. 영어에선 'Cotemplation'이라 하는데 사전적 의미로는 '세월의 흔적과 전조를 의식하며 신전에서 보내는 집중의 시간'으로 정의하고 있습니다. 종교적인 색채가 짙습니다. 불교에서도 지혜를 써서 사리를 비추어 보는 것을 의미합니다. 사색적 명상이라는 말과 상통합니다. 그냥 보니 좋다는 감성적 차원을 넘어 5감과 지혜를 총동원하여 넓게 깊이 생각하는 마음상태입니다. 쉽게 풀어쓰는 해석이 더 어렵게 된 것 같습니다만 예술 작품이든 자연이든 그냥 보지 말고 지혜를 동원, 생각하며 보고 듣고 느끼자는 것입니다. 거기서 많은 인생의 교훈을 얻을 수 있습니다.

관조를 하기 위해선 멈춤과 사색이 필요합니다. 정상에서 세상을 두루 둘러보는 쉼, 산행의 진수는 이 순간이 아닌가 싶습니다.

우리가 길을 걸으면서 무언가 생각이 안 날 때, 생각해내려 할 때,

자연스럽게 절로 걸음을 멈추게 됩니다. 반대로, 불쾌한 일을 잊으려 할 때는 걸음을 빨리 합니다. 마치 그 불쾌한 일이 나를 따라오기나 하듯 달아납니다.

우리 마을에선 때론 시간이 정지된 듯한 순간이 더러 있습니다. 흰 구름도 뜬 그대로 바람 한 점 일지 않고 산도 꿈쩍 않고 그대로, 정적이 감도는, 모든 게 평화롭기만 합니다. 마음도 차분히 가라앉습니다. 나 역시 꿈쩍 않고 그대로 멈춥니다. 이런 순간에 무슨 근심이며 걱정이랴. 산에 살면서 얻을 수 있는 또 하나의 축복이 아닐 수 없습니다. 삼라만상이 새로운 의미로 다가옵니다. 내 삶의 무게가 한결 깊어집니다. 바쁘게 돌아가는 도심에선 산만해지기 쉽고 중심이 잡히지도 않습니다. 바쁜 삶은 우리의 소중한 상상력마저 앗아갑니다. 시간에 쫓기면 정관의 경지에 들 수가 없습니다. 모든 게 정지된 관조의 순간이 그지없이 자유롭고 편안합니다. 무엇에도 구속됨이 없는 자유로운 자신과 만나게 됩니다. 선현들의 말이 생각납니다.

　어려운 문제에 부딪치거든 '기다려라.' 시간이 해결해준다.

　세월이 약이라는 말을 믿어야 한다.

세상살이 어렵고 힘들거든 자연 속에 정적 속에 멈춰 서 보십시오. 그리고 기다리십시오.

먹을거리의
의미

모든 생명체는 삶의 기쁨으로 넘쳐난다.
파브르의 『곤충기』는 이렇게 시작됩니다.

베짱이의 바이올린, 청개구리의 피리소리, 매미의 심벌……

모두는 자기 삶의 기쁨을 구가한다.

삶의 기쁨은 짐승만 느끼는 것은 물론 아닙니다. 바람 부는 숲 속을 거닐어 보십시오. 장엄한 합창을 들을 수 있습니다. 늦가을 서성거리는 수숫대, 갈대의 노래는 너무도 유명합니다. 가뭄 끝에 내리는 빗속, 채소밭 언저리에 앉아보십시오. 한 방울 내릴 적마다 시들한 잎들이 삶의 약동으로 춤을 춥니다. 파랗게 신선한 기운으로 빛이 납니다. 비 온 후엔 한 뼘 훌쩍 자란 모습이 대견스럽기만 합니다. 그리곤 가을 햇빛을 받으면 저마다 수확의 결실을 준비합니다. 모든 생명체는 저마다 주어진 자연의 질서에 따라 싹이 트고 자라 결실을 맺습니다. 인간이 어찌 이 엄한 자연의 질서를 깨뜨릴 수가 있겠습니까.
먹을거리는 생명체입니다. 모든 생명체는 즐거움을 추구하는 본성이 있습니다. 그리고 시간의 질서에 따라 살아가고 있습니다. 그들의 시간을 존중해야 하고 그들 삶의 기쁨이 이어지게 해야 합니다.

'잘 먹겠습니다.' 이게 의례적으로 하는 인사여서는 안 되겠습니다. 때가 되길 기다렸다가 기쁜 마음으로, 그리고 진정 감사한 마음으로 먹어야 합니다. 그게 남의 생명체를 먹는 예의입니다.

이 소중한 먹을거리를 함부로 수확해서도 안 됩니다. 흙 속에 싹이 트고 자라 꽃피고 결실할 때까지 비를 맞고, 찬이슬, 태양, 바람, 땅의 기운과 함께 전 우주가 참여한 귀중한 생명체입니다. 때를 기다려야 합니다.

그리하여 이윽고 식탁이 마련되기까지 참으로 많은 시간들이 조화를 이루어야 합니다. 가을 수확에서 식탁에 오르기까지에도 많은 사람의 손길을 거쳐야 합니다. 아내의 따뜻한 정성, 막내딸의 엉성한 상차림 손길까지, 식탁은 그야말로 '시간의 교향곡'입니다. 이들의 시간을 소중히 여기며 찬찬히 씹으면서 그 맛을 음미해가며 즐겁게 먹어야 하는 게 먹을거리에의 예의입니다.

식탁은 즐거운 분위기로 넘쳐나야 합니다. 편안과 휴식, 부교감 신경의 향연이요, 행복과 즐거움, 세로토닌의 향연이어야 합니다. 이때 비로소 우리가 먹을거리, 생명체에 대한 예의를 다했다고 할 수 있습니다.

냉장고를
없애면

금요일 밤, 마트에 다녀오셨지요? 앞으로 일주일, 편하게 되었습니다. 편리한 냉장고 덕분입니다. 냉장고가 그득하니 절로 배가 부릅니다.

하지만 여러분, 냉장고 안의 배추와 대화해본 적이 있습니까? 기분이 어떠냐고 물어보십시오. "목욕까지 하고 시원해서 좋습니다. 잘 다듬고 깨끗이 해주어 감사합니다." 혹시 그렇게 들린다면 당신은 이 배추를 먹을 자격이 없습니다.

배추는 생명체입니다. 뿌리를 잘린 순간부터 생명줄이 끊어진 상태입니다. 이젠 자기 속에 있는 모든 바이오 에너지, 효소, 수분, 영양소를 총동원, 혼신의 힘을 다해 살아남아야 합니다. 그건 생명체의 본성입니다. 하지만 뿌리로부터 영양 보급이 없는 한 버티는 데 한계가 있습니다. 시들시들하다 비축한 모든 것들이 소진되면 끝내 썩고 맙니다. 냉장고에선 대사를 줄이고 에너지 소비를 줄여줌으로써 생명을 연장하는 데 도움이 됩니다. 하지만 배추로선 참으로 힘겨운 나날입니다. 당장 숨이 막힙니다. 자연 속에 너풀너풀 자유롭게 지내던 시절과는 너무나 다른 지옥 같은 환경입니다. 뿌리가 없으니 자기 힘으로 버텨나가야 하는 처절한 생존의 투쟁을 해야 합니다. 이것이 냉장고 속, 배추의 운명입니다. 일주일 후 드디어 배추를 꺼내 먹습니다. 맛이 어떻던가요? 싱싱한 맛이 있습니까? 예스Yes라면 당신은 참 미련한 사람입니다. 모양은 같습니다. 하지만 이 배추는 속이 텅 빈, 영양분도, 효소도 없는 빈껍데기에 불과합니다.

동물의 왕국 세렝게티 이웃엔 지금도 맹수가 우글거리는 속에서도 마사이 족이 평화롭고 건강하게 잘 살고 있습니다. 이들에게 심장병, 고혈압이 적은 이유는 먹을거리를 구하기 위해 계속 걸어다녀야 하고, 냉장고가 없으니 바로 구한 신선한 음식을 먹기 때문입니다. 더운 여름, 한 끼 먹을 만큼 수집해서 먹고 또 저녁거리를 구하러 나가야 합니다.

우리 인류도 이곳 아프리카 사바나에서 300만 년, 이와 똑같은 생활을 해왔었습니다. 하지만 문명세계에 냉장고가 생기면서 게을러지고, 영양가도 없는 먹을거리에 욕심, 끝내 건강에 이상이 오기 시작했습니다.

냉장고를 없애자면 펄쩍 뛰겠지요. 하지만 대형보다 소형이 좋겠다는 생각은 떨칠 수 없습니다. 그래야 시장에 자주 가게 되고 신선한 먹을거리만입니까, 절로 운동도 됩니다. 우리 마을엔 냉장고가 없습니다.

천천히
여유있게

한적한 시골에 느긋한 저녁을 즐기러 가는 참이었습니다. 아주머니가 손수 기른 채소로 전을 부치고 된장, 쌈…… 시골 인심이 물씬 묻어나는 건강식, 요즈음 말로 슬로우 푸드 Slow Food를 먹으러 가는 길. 이게 무슨 아이러니인가, 과속 티켓을 받은 겁니다. 생각해보니 어이없는 일이었습니다. 느긋한 저녁을 먹으러 가는 길에 과속이라니. 하지만 이게 차에 앉은 사람의 습관적 본성입니다. 급한 일도 아닌데 가속 페달을 밟게 됩니다. 핸들을 잡는 순간, '어떻게 더 빨리 갈 수 있을까?' 절로 마음이 급해지기 때문입니다. 조금만 길이 막혀도 조급증이 발동, 짜증이 납니다. 갓길에 난폭운전, 신호 무시, 경적…… 가능한 나쁜 방법을 다 동원하게 됩니다. 이러는 순간 우리 뇌 속엔 경쟁, 공격 호르몬이 분비, 온몸에 비상이 걸립니다. 이쯤 되면 사고 일보 직전, 아슬아슬합니다.

운 좋게 사고가 안 난다 해도 우리 몸이 감당을 못 합니다. 차는 과속도 할 수 있지만 인간의 몸은 기계처럼 고속화되진 않습니다. 심장이 1분에 천 번을 뛸 순 없는 일, 차와 우리 심신 사이에 균형이 깨어지게 됩니다. 이때 처방은 잠시의 호흡을 위해 쉬는 겁니다. 찬바람도 쐬고 아이스크림 하나 사먹고 머리를 식히는 겁니다. 그리고 주변도로 정보를 수집, 지도를 끄집어내어 빠른 길을 다시 구상하는 겁니다. 이게 가장 합리적인 방법입니다. 이걸 충고라고 해야 하는 내 자신이 쑥스럽네요.

우리 산엔 지난겨울, 정상에서 갑자기 휘몰아치는 눈보라에 순간적으로 길이 보이지 않게 되었습니다. 서둘러 하산하다 보니 아무래도 옳게 내려가는 것 같지 않습니다. 다시 올라갔습니다. 하지만 전혀 방향감각이 서지 않습니다. 급하고 초조해지기 시작했습니다. 그때 뒤따라오던 노인 한 분이 조용히 입을 엽니다.
"서두르지 말게. 좀 쉬었다 가세나. 눈경치도 즐기면서 주위를 천천히 둘러보고 어느 한 길을 정해 내려가세. 산은 아래로만 가면 되는 걸세. 길을 잃었단 생각을 하니 더 급해지는 걸세. 길어야 30분 아닌가. 눈길은 미끄럼 타고 내려가면 더 빠르고 신나는 일 아닌가."
그러더니 본인이 모자를 깔곤 마치 앉은뱅이 스키를 타듯 신나게 내려갑니다. 와! 일행의 탄성이 터졌습니다. 그제야 모두의 얼굴엔 안도와 함께 웃음이 감돌았습니다. 천천히 여유를 갖고 생각하면 머리가 유연해져 발상의 전환이 됩니다.

공원에서 아이들이 달려옵니다. 미처 보질 못했던지 앞서 달려오던 아이들 몇이 진흙바닥에 넘어져 굴렀습니다. 겨우 털고 일어나긴 했지만 온몸이 흙투성이. 아이들은 울기 시작했습니다. 하지만 그건 잠시, 기왕 버린 몸, 아이들은 다시 그대로 구르기 시작했습니다. 깔깔대며 신나는 한판 놀이가 벌어졌습니다. 뒤따라오던 멀쩡한 아이들도 구경하고 섰더니 그제야 모두 진흙바닥으로 뛰어들어 깔깔대는 소리에 공원이 떠나갈 듯했습니다. 세탁이야 부모가 할 걱정. 아이들은 갑자기 닥친 상황에 당황은 했지만 일단 안전하다는 판단이 서면 오히려 그 새로운 상황을 즐깁니다. 이게 어른과는 다른 유연성, 창조성이 아닐까요.

우리는 지금껏 폭풍과 함께 휘몰아치는 빗속, 깊은 눈길을 그냥 앞만 보고 헤쳐 걷기에 급급했습니다. 달리 생각할 여유도 없고 길은 외길, 무모하리만큼 저돌적으로 달려왔습니다.

이젠 좀 더 현명해야겠습니다. 지금도 우리 앞에 넘어야 할 많은 시련과 도전이 기다리고 있습니다. 하지만 그럴수록 천천히, 때론 멈춰 설 줄도 알아야겠습니다. 주위를 둘러보고 내가 온 길, 앞으로 갈 길도 점검해보고 바람 방향, 눈 깊이도 재보고 어느 쪽으로 가는 게 안전하고 확실한 길인지 생각해보고 가야겠습니다.

기다림의 축복

올해로 우리 마을 설립 5주년입니다. 내가 여기에 터를 잡고 구상한 지는 족히 10년은 되었습니다. 10년이면 강산도 변한다지 않던가요.

참으로 많은 변화가 있어 왔습니다. 그중 가장 큰 변화라면 내 자신의 내면세계입니다. 내면세계라니 좀 거창한 이야기가 되었지만 한마디로 내겐 기다릴 줄 아는 습성이 생겼다는 점입니다. 이건 대단한 발전이요, 성숙입니다. 조급한 내게 무엇보다 큰 축복입니다. 이런 느긋한 성품은 내가 특별히 인격 수양을 잘해서 된 건 아니고 산에 살다 보면 절로 그렇게 되지 않을 수 없게 됩니다.

자연은 조급히 군다고 내 뜻대로 급히 움직여주지 않습니다. 씨를 뿌린 이상 싹이 터 올라오기까지는 일정한 시간이 필요합니다. 이게 자연의 순환원리입니다. 차분히 기다리는 것밖에 달리 처방이 없습니다. 발을 동동 굴려야 소용없는 일. 오직 처방은 인내심을 갖고 기다리는 일뿐입니다.

이런 자연의 원리를 터득하는 데 그리 긴 시간을 요하지 않았습니다. 아무리 미련하고 아둔한 사람이라도 산에 사는 이상 이 정도는 쉽게 깨칠 수 있습니다. 산에서 살려면 자연과 친해야 합니다. 그래야 비로소 자연이 베푸는 무한한 축복을 누릴 수 있습니다.

나는 매일 새벽 우리 마을 큰 당나무 아래 차 한 잔에 먹을 걸 챙겨 들고 나갑니다. 눈이 오나 비가 오나 새벽 5시 반이면 나무 아래 짧은 명상이 시작됩니다.

그러고는 모이를 뿌려 놓고 새들이 날아들기를 기다립니다. 녀석들은 워낙 조심성이 많아 좀처럼 가까이 오질 않습니다. 차츰 안심을 하는지 몇 해가 지나자 녀석들이 모이를 쪼아 날아들기 시작합니다. 특히 눈 오는 겨울엔 먹잇감이 없어 무더기로 날아듭니다. 일단 가까운 나뭇가지에 앉아 아래 상황을 예의 주시합니다. 안전하단 판단이 서면 조심스럽게 내려옵니다.

그러나 잠시도 경계의 끈을 늦추지 않습니다. 한번 쪼아먹고는 고개를 쳐들어 사방을 돌아보곤 별일 없다, 안전하단 판단이 서면 다시 쪼아먹곤 똑같은 경계태세를 되풀이합니다. 대체로 수십 초 안팎밖에 머물지 않습니다. 열 번을 쪼아 먹었을까? 배가 부를 리가 없는데 녀석들은 일단 안전한 나뭇가지로 올라갑니다. 덩치 큰 놈도 이런 경계태세는 똑같습니다. 다만 작은 놈일수록 그 속도가 빨라서 아주 신경질적입니다.

먹이가 있는 곳에 위험이 있다는 걸 짐승들은 본능적으로 알고 있는 것 같습니다. '목구멍이 포도청'이라는 인간세계와 다르지 않습니다. 차츰 나와는 익숙해지고 안심이 되는지 거리를 좁혀 오지만 한번 찍고 고개를 쳐들고 경계하는 동작엔 변함이 없습니다. 여긴 매도 없고 별다른 천적도 없는 것 같은데, 그들의 본능적인 경계심은 나마저 불안하게 합니다. 나는 행여 그들이 놀랄까 봐 새가 가까이 있는 동안 미동도 하지 않습니다. 차츰 나와 익숙해진 탓인지 아니면 아예 바위 같은 정물로 생각한 건지 어떤 녀석은 내 신발 위에까지 올라타기도 합니다.

어느 날 아침, 한 놈이 내 어깨 위에 올라앉는 게 아닌가? 아, 이럴 수가! 순간 짜릿한 전율을 느꼈습니다. 기다린 보람이 있었구나. 이젠 너와도 친구가 되었구나. 마치 애타게 기다리던 여인이 손을 잡아주듯 잔잔한 감동이었습니다. 사람 사귀기보다 힘든 게 새요, 자연입니다. 기다림, 믿음, 베풂이 안겨주는 축복입니다. 이 점에서 사람이라고 어찌 다를까요.

산행의 기본

산은 언제나 여유있게 가는 게 원칙입니다. 알피니스트도 천천히 갑니다. 쫓기는 일상에선 산이 보이지 않습니다. 아니 산을 쳐다볼 생각조차 하지 않습니다. 우리에겐 산이 너무 흔하니까 귀한 줄 모르는 것 같습니다.

아침마다 뒷산을 올라 가벼운 체조를 하고 내려오는 행운아도 적지 않습니다. '건강을 위해'라는 분들이 압도적입니다. 한데 출근시간은 다가오고 마치 도보경주나 하듯 걸음이 바쁩니다. 쫓기듯 산을 돌아 내려옵니다. 이러다간 자칫 건강을 해칠 수도 있습니다. 산은 바쁘지 않습니다. 그렇게 바삐 달리듯 다녀오면 산이 주는 그윽한 맛이며 계절의 아취를 느낄 수도 없습니다. 여름인지 가을인지조차 모르고 다녀오는 산이라면 그건 산에 대한 결례입니다.

쫓기는 시간만큼 악질적인 스트레스도 없습니다. 신체단련에 도움이 될지는 모르겠습니다만 정신세계에는 자칫 상처를 줄 수도 있습니다. 산은 언제나 여유있게 가는 게 원칙입니다.

난 대도시 근교 주말 등산객이 마음에 들지 않습니다. 날씨가 좋은 날엔 긴 줄이 늘어섭니다. 떠밀려 오르는 형국입니다. 마치 출근길

에스컬레이터를 연상케 합니다. 그룹으로 오는 사람들은 우선 시끄러워 짜증이 납니다. 바쁘게 올라 "야호!" 그리고 또 바쁘게 하산합니다. 목도 마르고 시장기가 도니 산 어귀엔 음식점이 줄지어 섰습니다. 술에 안주에 포식을 합니다. 오랜만에 만났으니 식당이 아주 떠나갈 듯합니다. 이러고도 다이어트를 위해 산에 간다는 사람이 적지 않습니다.

산은 조용합니다. 그게 좋아서 산에 가는 것 아닌가요? 산에서의 대화는 소곤소곤이어야 합니다. 다른 사람에게 들려서는 소음입니다. 하긴 우리는 평소에도 시끄럽기로 이름난 한국인이지만 그래도 산에서만은 산처럼 조용해야 합니다. 마치 붐비는 시장 골목같이 왁자지껄할 거면 산엔 왜 갑니까? 난 이것만은 꼭 묻고 싶습니다. 건강? 친목? 재미? 스트레스 해소? 이런 등산이라면 어느 것도 이룰 수 없습니다. 더구나 남의 눈살을 찌푸리게 하는 산행이라면 산에 대한 모독입니다.

산에도 예약제가 있었으면 좋겠다는 생각입니다. 일정한 간격을 두고 차례로 올려보내는 겁니다. 그래서 산스러운 산의 진수를 맛볼 수 있게 하자는 겁니다. 산은 차근차근 씹으며 음미하면서 올라야 비로소 산의 깊은 경지에 빠질 수 있습니다. 이것은 산행의 기본입니다.

4장

힐링

걷는다는 것

명화의 엔딩은 특히 걷는 장면이 인상적입니다. 주인공이 온갖 시련을 털고 먼 석양을 향해 홀로 걸어가는 장면은 오래도록 우리 뇌리에 남아 있습니다. 도스토옙스키의 『카라마조프의 형제들』, 가정 내 심각한 갈등으로 살인까지 등장하지만 마지막 장면은 걷는 것으로 용서하고 앞으로 나아갑니다. 셋째 아들이 조카들 손을 잡고 "자, 가자. 이제 우리 손잡고 가자." 하는 끝 장면이 압권입니다. 바티칸 시스티나 성당 벽화에도 플라톤이 제자 아리스토텔레스와 이야기하면서 계단을 걸어 내려오는 대형 그림이 아주 인상적입니다.

유럽을 여행하노라면 후미진 골목에 노인들의 뚜벅거리는 무거운 발걸음 소리가 묘하게도 철학적 뉘앙스를 풍깁니다. 간디의 항전은 380km나 되는 먼 여정을 걷는 데서 비롯됩니다. 마틴 루터 킹 목사의 인권 행진도 함께 걷는 것으로 강력한, 그러나 평화로운 의지를 천명했습니다. 민주 항쟁으로 시작된 우리의 평화 행진도 함께 걷는 것으로 우리의 뜨거운 열망, 저항정신을 천명했습니다.

걷는다는 건 이처럼 많은 의미를 내포하고 있습니다. 비폭력, 무언의 항쟁, 항의를 위한 강력한 의사표현이기도 합니다. 예술, 철학, 학문적 의미도 담고 있지만 집약된 메시지는 '평화'입니다. 조용한 행렬도 뛰기 시작하면 그만 과격, 폭력으로 발전되기 십상입니다. 걷는 것과 뛰는 것은 이렇게 다릅니다.

평화롭고 차분한 마음을 위해선 걸어야 합니다. 걸을 땐 앞을 보고 갑니다. 전향적입니다. 따라서 지난 일로 다투거나 싸우질 않습니다. 뇌 회로가 앞을 향해 돌아갑니다. 조용히 앉아 있을 때보다 오히려 더 평화롭고 전향적입니다.

저녁 9시 이후 술집에 앉아 벌어지는 대화 내용을 되돌아보시면 쉬 알 수 있습니다. 잡담에 음담패설, 험담…… 도대체 생산적인 내용이라곤 별로 없습니다. 그러다 싸움판으로 번지지 않은 것만으로 다행입니다. 바가지 술값에 택시잡기 경쟁, 그래도 우린 그걸 스트레스 해소란 명목으로 밤마다 술집엔 만원입니다. 과감히 빠져나오세요. 그리고 걸으세요.

친구와 어려운 이야기를 할 때도 걸으며 하는 게 생산적입니다. 부하나 아이를 꾸중할 때도 걸으며 해보십시오. 앉혀 놓고 하면 왜 그리 장광설이 되곤 하는지요, 그래선 설득력도 떨어집니다. 자칫 아이에게 상처를 주기도 하고 반발을 살 수도 있습니다. 걸으며 타일러 보십시오. 실험적으로 한번 해보십시오. 훨씬 부드러워집니다.

누구도 걸으면서 언성을 높이진 않습니다. 걸으면서 싸우는 사람은 별로 없습니다. 뇌과학적으로 그건 불가능합니다. 걸으면 평화, 쾌적 호르몬인 세로토닌이 분비되기 때문입니다. 걸으면 대지를 밟는 충실감이 온몸으로 전달되어 정서적으로 안정이 되며 흔들림이 없습니다. 우리는 무심코 걷지만 걷는다는 건 전신, 전뇌의 운동입니다. 걷는 동안, 우리 몸이나 뇌 어느 부위도 조용히 있지 않습니다. 다리를 드는 동작 하나에도 수많은 운동신경이 관여합니다. 잘 올리고 있는지 지각 신경도 동원됩니다. 올린 발을 내릴 때도 착지지점이 안전한지 눈으로 보고, 거기에 맞게 강도나 지점을 선택해야 합니다. 팔을 흔들어 균형을 잡고 멀리 앞을, 그리고 가까이 발 근처를 보면서 가는 방향, 속도를 계산합니다. 뺨을 스치는 바람으로 온도를 측정하고 약속시간과 거리를 계산합니다. 클랙슨 소리에 귀를 기울이고 오가는 사람도 잘 훑어봐야 합니다. 끝이 없습니다.

걷는 건 인간의 본능적 행위입니다, 차가 없던 시절엔 수렵과 채집을 위해 걸어야 했습니다. 요즈음 우리처럼 한 블록도 걷기 싫어했다면 인류는 멸종했을지 모릅니다. 걷는 것이 즐겁도록 유전인자에 설계되어 있습니다. 조용한 새벽 시골길을 걸어보십시오. 절로 휘파람이 나옵니다. 행복합니다. 걷는 건 인간의 본능입니다.

마음이 불안할 때 화날 때 어떻게 하십니까. 아무리 차분해지자고 마음을 먹어도 되질 않습니다. 될 리가 없지요, 불안한 것도 마음이고, 차분해지지자는 것도 마음인데, 마음으로 마음이 조절 될 리가 없습니다.

상반되는 마음 사이에 걷는 행동을 넣자는 겁니다. 상반되는 마음끼리는 부딪히면 더 세력이 강해집니다. 걸으면 그 사이에 완충 지대를 만들 수 있습니다. 뒤이어 온몸에 쌓인 긴장이 걷는 운동으로 풀립니다. 그리고 고마운 세로토닌이 불안을 얼음처럼 녹여줍니다.

옛길을 따라 걸어보십시오. 선현들의 발자취가 몸에 배어옵니다. 덕수궁 돌담길도 참 좋습니다. 경희궁, 경교당, 이화학당, 러시아 대사관…… 옛날엔 인왕산 호랑이도 어슬렁거렸다고 하는 옛길입니다. 한말의 긴박한 역사의 뒤안길에 가슴이 뛰기도 합니다. 높은 담장 넘어 고종의 근심스런 얼굴도 눈에 선합니다.

요즈음 걷기대회가 부쩍 늘어난 것도 시끄러운 시대적 반영입니다.

고독에의 시간

공자도 태산을 자주 올랐다는 기록이 있습니다. 일흔을 넘으면서 은퇴를 생각, 제자들과 함께 고별 강연을 한 것도 태산을 오르면서였습니다. 산정에 올라 선생은 자기 마음을 열어 놓습니다.

"나는 내가 믿는 바에 따라 마치 이 산의 산록에서 정상에 오른 것처럼, 낮은 데서부터 한 걸음, 한 걸음 높은 곳으로 올라왔었네."

선생은 잠시 말을 멈추고 하늘을 올려다보곤 다시 말을 잇습니다. 그러나 혼잣말처럼 짧은 한마디였습니다.

"내 마음은 하늘만이 안다."

일평생 학문을 위해 정진해왔고 수많은 제자들을 가르쳐온 선생에게 그래도 더 하고 싶은 말이 있었을까? 그 심오한 학문의 깊이를 누구도 이해하지 못한다는 아쉬움에서였을까? 선생의 깊은 고독감을 엿보게 하는 절규였습니다.

그 위대한 선현의 속을 누가 알랴만 우리 범인들에게도 깊은 심연에의 고독이 때론 있었으면 좋겠습니다. 그러기 위해선 역시 혼자여야겠습니다. 혼자의 시간이 아쉬울 때가 있습니다. 그것도 가벼운 사색을 넘어 깊은 고독의 시간을 위해 필요할 때가 있습니다. 온몸에

4장. 힐링

전율이 흐르는 그런 깊은 고독감. 천길 깊은 고독의 늪에 빠진 그런 절절한 시간! 그때야 비로소 가식 없는 나를 만날 수 있습니다.

그런 혼자의 시간을 위해선 아무래도 인적 드문 산이 좋습니다. 가을 산이 제격입니다. 낙엽을 밟으며 오르는 호젓한 오솔길, 달밤이면 더욱 좋습니다. 잠시 말 없는 바위에 앉았노라면 낙엽 몇 잎이 옷깃에, 머리에 하늘의 메시지를 전하듯 내려앉습니다.

그렇습니다. 발목이 묻히는 낙엽길, 지금 난 인생을 걷고 있습니다. 달과 산, 고요와 낙엽, 맑고 청명한 기운 속에 내 영혼도 한결 맑아지는 걸 느낄 수 있습니다. 이게 고독이 주는 축복일까요? 산속에 혼자 사는 선현들의 경지가 이해될 듯합니다. 인간을 한 차원 높은 성숙의 단계로 끌어올리는 힘입니다.

노마드적 판타지

현대 도시인이 가장 갈구하는 삶이라면 노마드적 삶일 것입니다. 실제로 국경을 넘어 전 세계를 떠돌아다니는 현대판 노마드 족이 10억이 넘는다고 합니다. 거침없이 떠도는 자유로운 삶, 자연과 하나 되는 삶. 인류의 태곳적 삶의 양식이었지만 현대 도시인은 너무 많은 제약에 매인 채 질식할 지경입니다. 자연과 자꾸 멀어지면서 인간의 원시적 삶에 대한 향수는 더 짙어질 수밖에 없습니다.

현대문명의 첨단을 달리는 성공한 엘리트들이 아프리카 오지나 사막, 몽골 초원으로 달려갑니다. 각오가 단단합니다. 원시적 생활에의 동경이 강한 만큼이나 그 생활이 얼마나 힘들 것이란 것쯤 알고 떠납니다. 짐짓 그 힘든 생활을 맛보기 위해 떠납니다. 하지만 흥분과 긴장 속에 막상 현지에 도착하고 보면 당장의 생활 자체를 견뎌내기 힘듭니다. 추위, 더위도 견뎌낼 수 있습니다. 잠자리 불편한 것쯤 각오가 되어 있습니다. 문제는 당장의 먹을거리, 이건 생존과 직결되는 문제입니다. 웬만한 비위가 아니고는 이상한 현지식을 먹어낼 수가 없습니다. 몇 끼를 굶고서야 겨우 먹게 되지만 문제는 그 뒤 설사, 구토에 피부 발진 등 알레르기 증상까지, 이건 지옥입니다. 거기다 피로가 누적되면서 몸살까지 겹치면 대개의 용사들은 이쯤에서 포기하고 돌아옵니다. 마음은 단단히 먹었지만 문제는 몸이 못 당합니다.

후유~ 문명세계로 돌아온 그 편안함과 안도감이라니! 이걸 두고 거길 왜 갔지? 아무래도 만용이 지나쳤던 것 같습니다. 하지만 그것만으로도 참 소중한 경험입니다. 문명세계가 주는 혜택이 참으로 고맙습니다. 그걸 깨치게 해준 것만으로 큰 교훈입니다.

하긴 나도 사막 횡단, 아프리카, 몽골 초원에서의 노마드적 생활을 흉내내본 적이 있습니다. 차를 타고 햄버거, 커피를 마시면서 그야말로 흉내를 낸 데 불과했지만 두고두고 가슴 깊이 남는, 다른 어느 여행보다 귀중한 시간들이었습니다.

당신은 숲 속에 정적의 소리를 들어본 적이 있나요? 깊은 숲 속에 완전 알몸으로 누워본 적은? 장대같이 내리는 빗속을 홀랑 벗고 걸어본 적은 또 언제였던가요? 풋고추에 보리밥, 화전민 도시락을 싸들고 산에 가본 적이 있나요? 눈밭을 뒹굴며 큰대 자로 누워 하늘을 쳐다본 적이 있나요? 노마드적 상상만으로 짜릿하지 않은가요?

도전 코스의
용사들

선마을 트래킹 코스 가운데 도전 코스가 있습니다. 산 정상까지 선마을 주위 산을 일주하는 코스죠. 족히 2시간, 하산하면 땀이 범벅. 하지만 모두가 만족한 표정입니다. 체력만 허한다면 도전해봄직합니다. 체력 단련, 심신 수련, 자신감, 만족감, 해냈다는 자부와 긍지. 나무랄 데 없습니다.

그래 잘했습니다. 거기까지는 딱 좋습니다. 하지만 '그만하면 됐다.'는 내 생각에 동의해 주었으면 좋겠습니다. 도전에도 절제가 있어야 합니다. 선마을 손님은 대개가 중늙은이들이라 거기까지가 한계라는 게 내 의학적 소견입니다. 그 이상은 수련을 지나 단련입니다. 수련은 상쾌한 피로를 동반하는 범위로서 세로토닌이 분비되지만, 그게 지나면 싫어도 참고 해야 하기 때문에 불쾌물질 놀아드레날린이 분비되는 단련단계로 넘어갑니다.

단련은 태릉 선수촌이나 해병대 훈련이 전형적입니다. 인간의 한계를 극복하는 대단한 인내력과 강한 의지, 투쟁심이 필요합니다. 싫어도 참고 해야 하기 때문에 뇌에선 놀아드레날린이 분비, 교감신경의 흥분으로 극심한 스트레스 상황에 놓입니다. 극한의 한계까지 도전합니다. 이윽고 목표달성, 굉장한 환희가 동반됩니다. 도파민, 엔돌핀이 펑펑 쏟아지는 순간입니다. 그러나 심신 수련은 이와는 다릅니다. 힐링이 목적이기 때문에 싫은 걸 억지로 하지 않습니다. 하다 싫거나 힘들면 그만두는 게 수련입니다. 전 과정이 대체로 차분합니다. 물론 걸을 때는 놀아드레날린, 의욕적인 도파민 분비가 되긴 합니다만 어디까지나 세로토닌 우위의 활동입니다. 단련에서처럼 격정적인 환희나 감동 대신 수련은 잔잔한 감동입니다.

우리 마을 도전 코스가 딱 그 경계선입니다. 이 사람에겐 적정한 수련이지만 저 사람에겐 힘든 단련이 될 수도 있습니다. 젊은이라도 그렇습니다. 올림픽 금메달이 목표가 아니라면 체력이 허하는 적정한 한계 내에서 해야 하는 게 건강 운동의 기본입니다.

나 역시 올림픽 기간 중, 환희와 실망에 잠을 이루지 못합니다. 패자의 그 진한 눈물을 보면 마음이 너무 아픕니다. '더 높이, 더 멀리, 더 빨리.' 올림픽 슬로건이 잔인하단 생각마저 듭니다. 한 사람의 환호 뒤에는 얼마나 많은 젊은이가 좌절의 눈물을 흘리고 있을까요? 올림픽 마당에 얼굴도 내밀지 못하고 예선에 탈락한 선수들의 실망은 더 크겠지요. 수십만 아니 수백만의 젊은이들이 세계 구석구석에서 통한의 눈물을 흘리고 있을 걸 생각하면 스포츠라는 명목 아래 너무도 잔인한 카니발이란 생각이 드는걸요. 전 세계 단 한 사람, 그것도 4년에 한 사람입니다. 승자에겐 금메달, 한없이 자랑스럽겠지만 수백만의 젊은이의 좌절과 눈물이 배어 있다는 사실을 잊지 말아주기 바랍니다. 그러기에 더 값진 승리에 환호할 수도 있겠지만 그러기에 더 겸손할 줄 아는 것도 승자의 아량이라 생각합니다. 그게 진정한 승자입니다.

승자에겐 아무것도 주지 마라. 그것만으로 충분한데 뭘 또 줘? 헤밍웨이의 말에 난 전적으로 동감입니다. 이 말이 섭섭지 않게 들려야 진정한 승자입니다.

이야기가 빗나갔습니다만 '더 낮게, 더 가까이, 더 천천히.' 이런 구호도 있을 법하지 않습니까? 훨씬 겸허하고 품격 있어 보이지 않나요?

치열한 삶

산사나이 엄홍길을 만날 적마다 내가 하는 부탁이 있습니다.
"엄 대장, 이제 그만하소."
하지만 그는 빙긋이 웃기만 합니다. 많이 들어본 소리여서일 겁니다. 행여나? 하는 걱정에서 하는 애정 어린 충고란 것도 그는 잘 알고 있습니다. 10년도 넘게 한 부탁이지만 그의 산행은 지금도 계속됩니다. 우리는 엄홍길 팬클럽까지 만들어 그를 성원하면서도, '그만하면 됐는데.' 하는 아쉬움은 언제나 마음속에 남아 있습니다.
몇 해 전 이화대학의 의료봉사 팀과 함께 안나푸르나 산록에서 하룻밤 묵은 적이 있습니다. 달이 어찌나 밝던지 밖으로 나가 호텔 앞마당에서 문득 산을 쳐다봤습니다. 으악! 난 고함을 지를 뻔했습니다. 낮 동안 구름에 숨어 있던 산이 그 진면목을 드러낸 채 그윽이 나를 내려다보고 있는 겁니다. 달빛 아래 눈 덮인 산, 그 웅장하고 과묵한 기세에 눌려 완전히 주눅이 들고 말았습니다.
쳐다만 보기에도 무시시한 저 산을 또 오르다니, 내 배포로는 상상을 초월합니다. 내가 우리 영웅을 붙잡고 그만하라는 데는 이런 사연도 한몫 합니다. 하지만 그럴 적마다 그가 하는 말이 있습니다.

"이 박사께 강연 그만두라고 한다면 그만두시겠습니까. 피를 토하는 절규, 목숨을 걸고 하는 강연 같아서 계속 저래도 괜찮을까. 오히려 제가 걱정입니다."

강연에 목숨을 건다? 그러고 보니 어째 그 말이 이해될 듯도 합니다. 작가 박범신이 『촐라체』를 출간 후 기자와 한 인터뷰 생각이 납니다. 『촐라체』는 에베레스트 서남쪽 등정을 마치고 하산길에 실종된 형제가 7일 만에 생환해온 내용입니다.

기자가 묻습니다.

"선생도 오를 생각이?"

작가는 이렇게 대답합니다.

"내겐 소설이 촐라체죠. 목숨을 걸고 올라갑니다. 목을 졸라매죠. 소설을 쓰면서 목숨을 건다? 상상이 잘 안 가겠지만 난 겁니다. 이 한 권의 소설을 위해."

사막을 걸어본 사람이 아니면, 남이 걷는 걸 보는 것만으로는 사막의 그 험함을 상상조차 할 수 없습니다.

우리 마을에 오는 손님들도 모두가 자기 분야에 가히 목숨을 거는 수재들입니다. 이들의 공통점을 한마디로 한다면 '치열함'입니다. 개인의 영달을 위해서만은 아닙니다. 천재는 하늘이 준 재주, 어찌 개인의 영달을 위해 쓸 수 있겠습니까. 이는 하늘에 대한 배신입니다. 많은 사람들을 위해 베풀어야 합니다. 그러기 위해선 치열한 삶을 살 수밖에 없습니다.

잘 사는 나라에서 흔히 목격되는 평화로운 광경이 있습니다. 9시 출근, 5시 땡 하면 퇴근. 근처 공원에서 신문을 뒤적이며 커피를 즐기는 한가한 샐러리맨, 보기에도 부럽습니다. 하지만 그 나라 사람 모두가 이렇게 여유롭고 한가하진 않습니다. 몇 안 되는 소수의 천재들은 그 시간에도 밤을 새우고 있다는 사실을 잊어선 안 됩니다. 이들 몇 안 되는 천재가 있기에 많은 소시민들이 한가한 시간을 즐길 수 있는 것입니다. 이들 천재도 5시 퇴근, 아이들과 야구 구경이나 간다면 그 사회는 정체될 수밖에 없습니다.

천재에겐 휴식이 없습니다. 스트레스 속을 헤집고 치열한 삶이 그들의 운명입니다. 치열한 삶이 있기에 산에서의 잠시의 휴식이 이들에겐 너무나 절실하고 소중합니다. 하산하면 또 이들에겐 치열한 삶이 기다리고 있습니다.

창조의 샘

창조적인 삶이 젊음과 건강의 비결이 된다는 건 상식입니다. 새로운 창조를 위해선 좋은 아이디어, 영감이 필요합니다. 한데 이게 쉬 떠오르지 않습니다. 주제를 안고 며칠 아니, 몇 달을 씨름해도 풀리진 않고, 머리가 아주 꽉 막혀버린 느낌이 듭니다.

신문에 소설을 연재 중이던 작가가 스토리가 더 이상 풀리지 않자 그대로 잠적해버린 사건도 있었습니다. 아예 절필을 선언한 작가도 있습니다. 이렇게까지 절박하지 않더라도 일상에서 누구나 비슷한 경험을 한 적이 있을 것입니다.

그럴 땐 떠나야 합니다. 일단 방을 나와 가까운 공원도 좋습니다. 조용히 걸어 보십시오. 그리고 조용히 호흡을 해보십시오. 당장 마음이 편안하고 여유로워지는 걸 느낄 수 있습니다. 쫓기는 듯한 압박감에서 해방되면 머리도 한결 부드러워집니다.

기억하십시오. 세상을 놀라게 한 위인들의 창조적 아이디어가 걸으면서 생겨났다는 사실을. 멀리 아리스토텔레스의 소요철학을 위시해서 에디슨의 그 수많은 발명도 이웃 맨로 공원의 숲 사이 오솔길에서 탄생했노라고 그의 자서전은 밝히고 있습니다. 아인슈타인의 상대성이론도 학생들과 산책 중에 떠올랐다고 합니다.

선마을에 새 손님이 입소하는 날엔 〈전원 교향곡〉을 배경음악으로 들려줍니다. 풍요로운 자연의 운치를 더해줍니다. 특히 3악장의 시냇물 흐르는 소리의 화음은 그의 천재성이 유감없이 발휘된 대목입니다. 이 아름다운 곡이 탄생된 배경도 베토벤이 한적한 시골, 하이겐슈타트의 산야를 거닐면서 자연의 아름다움에 도취되어 만든 곡입니다.

이제, 닫힌 5감이 절로 열립니다. 창조의 샘 우뇌가 열리고 조용히 걸으면 영감이 솟아납니다. 호흡이 조용해지면서 마음이 가라앉습니다. 맑은 공기, 숲의 신령한 기운까지 깊이 들이마십니다. 영어에선 흡기를 'Inspiration', 즉 'In-Spirit'. 혼을 들이마신다고 말합니다. 그리고 영감이란 말도 'Inspiration'으로 씁니다. 우연의 일치일까요, 오랜 삶에서 얻은 깊은 경험적 지혜의 소산입니다. 호흡을 조용히 하고 마음이 가라앉을 때, 영감이 잘 떠오르기 때문입니다. 거기다 조용한 걸음이 영감을 더 쉽게 촉발해 줍니다.

최근 발달된 뇌과학이 이를 증명하고 있습니다. 아이디어는 뇌가 조용히 흔들릴 때 잘 떠오른다는 것도 실험으로 증명되었습니다. 조용한 호흡과 보행, 이때 특히 해마의 세타파가 활성화됩니다. 그리고 세로토닌 분비가 활발해집니다. 이럴 때 뇌는 가장 창조적인 아이디어가 떠오르는 상태가 됩니다.

내가 좋아하는 미야자와 시인은 노환으로 바깥 나들이를 못하게 되자 들과 산을 자유롭게 걷는다는 게 얼마나 큰 축복인가, 그 자체가 기적이라고 예찬했습니다.

바람이 부르고 있다

그가 병상에서 남긴 시입니다. 바람을 맞으며 걷는 그 기분은 일종의 종교적 감정에 휩싸인 행복감이라고 극찬했습니다.

우리 마을엔 뛰고 달리는 길은 없습니다. 또 그래야 할 필요도 없습니다. 선마을을 비탈길에 정한 사연을 급한 도시인들이 이해해줬으면 좋겠습니다.

그의 치료자는?

"홍천강 맑은 물안개가 피어오르는 이 순간을 놓치고 싶지 않아요. 새벽안개의 포근한 품에 안겨 있노라면 내 뺨을 스치고 지나는 천사의 옷깃만큼이나 부드러워요. 늦잠을 자다간 그만 새벽안개가 저 산을 넘어가버리는걸요."

내가 찻잔을 들고 밤나무 아래 앉아 있노라면 어김없이 그의 반가운 목소리를 들을 수 있습니다. 누가 그를 만성병을 앓고 있는 사람으로 볼까. 그는 천성이 명랑하고 따뜻한 사람인 것 같습니다. 그의 식탁엔 언제나 웃음이 끊이지 않습니다. 저런 사람이 어쩌다 병에 걸렸을까? 가끔 정신과적인 해석이 안 될 때가 있습니다. 이분이 그런 사람 중 하나입니다. 아무리 뜯어봐도 그의 얼굴 어느 한구석 아파야 할 이유가 없습니다. 밝은 웃음에 가벼운 홍조까지 띤 그의 뺨은 해맑은 소녀 같아서 환갑을 지냈다는 게 믿기지 않습니다. 어쩌다 오솔길을 어슬렁거려 올라가노라면 바위 뒤 작은 꽃 앞에 다소곳이 앉아 있는 그의 모습을 발견할 때가 있습니다. 뭔가를 속삭이고 있는 것 같습니다. 한참을 서 있어도 그의 꽃과의 대화는 끝날 줄 모릅니다. 그의 옆모습은 촛불 앞에 기도하는 소녀 같습니다. 그가 대화를 끝내고 일어서기까지는 한참이나 걸렸습니다. 이마엔 땀이 맺혀 있었습니다. 덥지도 않은 날씨에.

"무슨 이야기를 그리 오래 하셨어요?"

"너무 예쁘고 아름답잖아요. 누구도 봐줄 이 없는 저 큰 바위 뒤에, 언제나 방긋이 웃고 선 그의 고고한 자태가 너무 우아하잖아요. 은은한 향은 또 어떻고요. 저 꽃을 혼자 두고 일어서기가 싫었어요. 저 열악한 환경에서 어쩌면 저렇게 예쁜 꽃이 필 수 있을까요? 그게 산의 신비스러운 힘인 것 같아요. 저 작은 꽃도 신령스런 산의 정기를 듬뿍 받아 저렇게 아름답게 필 수 있었겠지요. 저도 저 꽃처럼 예쁘고 튼튼하게 될 거예요. 꽃과 그렇게 약속을 했는걸요. 박사님, 그렇게 되겠지요? 저는 항상 박사님께 감사드리고 있어요. 이 깊은 산속에 누구도 생각 못한 훌륭한 자연 프로그램을 만들어 주셔서 제가 이만큼 회복되었습니다. 이젠 병원에 안 갈 거예요. 그만 가기를 잘 한 것 같아요. 더 갔다간 그대로 말라 비틀어져 죽을 것 같았어요. 여기가 저를 구해주셨어요."

꽃과의 대화가 내 이야기로 넘어오고 보니 송구스러웠습니다.

"병원 치료가 힘드셨겠지만 참고 잘 견디신 겁니다. 병의 뿌리가 빠진 거지요. 여기서 회복하세요. 맑은 산의 정기와 자연의 힘을 빌려 그간 약해진 방어체력이 보강되고 있는 중입니다."

"그랬을까요? 여하튼 저는 여기 안 왔더라면 벌써 저승사자가 데려갔을 거예요."

이야기가 길어져 어느새 마을로 내려왔습니다. 선마을의 자연이 그를 건진 게 아니고 오히려 이 자연이, 산이 그 없이는 견딜 수 없을 것 같다는 게 내 생각입니다. 그가 아니면 누가 아침이슬에 팔을 벌릴 것이며 그가 아니면 누가 저 바위 뒤에 숨어 핀 꽃과 대화를 할 것이냐. 그가 아니면 누가 개울물과 함께 조용히 합창을 할 것이며 그의 발자국 소리 아니면 앞뜰에 채소가 자랄 수 있을까. 지난겨울 처음 왔을 때 그의 모습은 그의 표현 그대로 바람만 불어도 넘어질 것 같았습니다. 괜찮을까? 의사의 전문적 걱정이라기보다 모두들 걱정이었습니다. 하지만 산에 대한 그의 애정은 각별했습니다. 이 산의 나뭇잎, 풀 한 포기까지 그의 사랑이 배어 있습니다. 내게 차츰 확신이 생겨나기 시작했습니다. 나는 그가 죽는다는 생각을 더 이상 하지 않게 되었습니다. 그가 죽으면 이 산이, 자연이 죽을 것 같기 때문입니다.

그의 증언이 아니라도 이제 산의 힐링 파워는 의학적으로 많은 연구 보고가 있습니다. 우리는 이미 몇 해 전, 세계에서 처음으로 '산림치유포럼'을 결성, 산림과학청의 협조 아래 국제학회를 여는 등 활발한 연구 활동을 펼치고 있습니다. 산림청에서도 국제 규모의 힐링센터를 건립 중에 있으며 산림 관련 많은 단체들이 숲의 치유적 활동에 참여하고 있습니다. 멀지 않은 장래 한국의 산이 세계적인 힐링 명소로 떠오르리라 확신합니다. 바야흐로 세계 흐름이 그런 방향으로 가고 있습니다.

스오미 족의
기도

몽골계 종족은 세계 넓게 분포되어 있습니다. 북쪽 끝 노르웨이 스오미 족에서 몽골, 한국, 아메리칸 인디언 그리고 저 남쪽 끝 안데스산맥의 인디오까지. 대륙 뒤편 병풍처럼 넓게 퍼져 있지만 대체로 못사는 종족입니다. 그중에선 우리가 제일 잘삽니다. 요즈음 말로 하면 그렇단 이야기입니다. 미개인까지는 아니지만 가난한 후진국입니다. 이들의 생활은 자연과 가까이 있습니다. 이상하게도 자연과 멀어진 나라일수록 대체로 문명국이요 선진국입니다. 한 나라 안에서도 시골 농촌과 도시인의 생활에는 격차가 큽니다. 그런데도 도시인의 꿈은 은퇴 후 조용한 전원생활입니다. 생각할수록 아이러니입니다.

자연과 함께 자연에 묻혀 사는 사람일수록 '못산다'는 게 정말이지 아이러니입니다. 어디선가 쓴 기억이 납니다. 헬싱키 번잡한 대로에서 본 광경이 지금도 내겐 너무 인상 깊게 남아 있습니다. 한 차로를 막은 채 가로수 정비를 하고 있습니다. 인부들이 나무 아래 모여 기도를 하고 있습니다. 우리와 닮은 사람들, 스오미 족입니다. 한데 기도가 깁니다. 식당이 멀지 않아 일행은 내려서 걸었습니다. 그래도 기도가 끝나지 않습니다. 무슨 기도가 저렇게 길지요? 안내원 설명에 의하면 나무의 허락을 받고 있는 중이라는 것입니다. 경건한 기도를 올린 후 "우리가 네 가지를 잘라야겠는데 괜찮겠지?" 그래도 나무가 응답을 않는다는 것입니다. 나무가 응답을 하다니? 끄덕일까, 가지를 내저을까? 그렇다고 예스Yes, 노No라 할 것 같진 않고.

내 도시적인 생각엔 허락을 받는다는 것부터가 이상하지만 그런다고 나무가 응답을 할 것 같진 않습니다. 나도 산에 오래 살다보니 자연의 느낌은 알 것도 같지만 자연은 말로 하진 않습니다. 사람을 향해 질문을 하는 일도 없고, 물어야 대답이 없습니다. 스오미 족은 나무의 응답을 기다리는 게 아니라 스스로의 마음을 경건히 하고, 자연 앞에 겸손하며 미안한 마음과 함께 한없는 감사의 염이 우러날 때까지 기다리는 것입니다. 자기 마음의 응답을 기다리는 것이죠.

"나무야, 가지가 너무 자라 차가 지나면서 네 몸에 상처를 내고 아프기도 할테니까 자르는 게 좋을 것 같다."

진심으로 나무를 위해 잘라야 한다는 마음이 우러나길 기다리는 것이리라. 공무수행이니까, 오늘 우리가 해야 할 작업이니까, 잘라야 한다는 건 자연에 대한 모독입니다.

내가 더욱 놀란 건 차선이 막혀 긴 줄이 늘어섰는데도 누구 하나 불평하는 사람이 없었습니다. 핀란드는 바이킹 족의 후예들이라 늘씬한 거인들이 주류입니다. 우리를 닮은 스오미 족은 늪지대에 사는 달동네 사람들입니다. 대체로 생활이 넉넉지 못하죠. 하지만 그곳 도시인들은 스오미 족의 자연 앞에 경건한 그 정신을 높이 사고 있습니다. 길을 막은 채 몇 시간을 저러고 있어도 누구 하나 클랙슨을 눌러대는 사람은 없고, 그들의 페이스를 존중하고 그들의 생활 태도에 맞추어 삽니다. 선진국이 아무나 되는 게 아니란 생각을 하게 됩니다. 요즈음 도시인에게 힐링 열풍이 광풍처럼 몰아치고 있습니다. 진정한 힐링은 자연에서 온다는 사실을 알고나 있는지 궁금합니다. 자연에의 외경심, 그게 곧 힐링입니다.

미국 국립공원제를 처음으로 만들었던 유명한 환경 운동가 존 뮤어의 어록을 인용해보겠습니다.

숲 속으로 햇살이 밀려올 때 자연의 평화가 당신에게 밀려올 것이다. 숲의 바람은 당신에게 신선감과 생동감을 주며 그때 당신이 가진 걱정은 마치 가을에 낙엽이 떨어지듯이 사라질 것이다.

영주의
산골인심

영주 산골 깊이 담장도 없는 사과밭, 탐스런 사과가 길 양옆으로 축축 늘어져 있습니다. 행여 늘어진 사과가 다치랴, 우리 버스도 조심스럽습니다. 와! 버스 안 탄성이 잦아들 즈음 차를 세웠습니다. 담장이 없으니 문이 있을 리 없습니다. 허름한 농막에도 사람 그림자라곤 없습니다. 환갑잔치에 갔을까? 주인이 있어야 흥정을 하고 사과도 먹고 사고 할 텐데. 난감하게 된 건 인솔자인 나와 그 지역 황 선생이었습니다.

"일단 따 먹읍시다. 그리고 살 만큼 박스에 담고, 황 선생이 대충 값을 알게 아니오. 그동안에 주인이 나타나면 좋고 없으면 값을 쳐 농막에 달아 놓든지 합시다."

황 선생도 그러자고 동의를 했는데 문제는 서울에서 온 우리 일행. 사방을 두리번거리기만 할 뿐 사과 근처에도 가질 않는 겁니다. 행여 오해나 받을까. 마음 여린 그 부인은 두려워하는 기색이 역력합니다. "주인은 어디 갔는데요?", "애써 지어놓은 농사를 망하려고 이러나?" 주인보다 우리 일행이 더 걱정합니다.

높은 담장, 그 위에 철조망, 그도 모자라 CCTV에 이중삼중 보안시

스템까지. 그제야 안심하고 잠이 올까? 도심의 생활은 경계일색입니다. 한눈팔다간 코 떼일 세상, 길을 가도 교통사고에 바짝 긴장을 해야 합니다. 거기다 요즈음은 '묻지 마 살인'까지, 지하철도 소매치기, 치한 걱정 어느 한순간 긴장의 끈을 늦춰선 안 됩니다. 밤에 자는 동안에도 바스락 소리에 잠이 깹니다. 24시간 우리 뇌 속엔 비상감시체제가 작동중입니다. 이게 도시생활의 실상입니다. 스트레스 홍수시대를 허우적거리고 있는 것이지요.

다시 사과밭, 아직도 긴장의 끈이 풀리지 않고 있습니다. 담장도 주인도 없는 사과밭이라니? 도시인으로서는 상상조차 할 수 없는 일이죠. '이런 곳에 우리를 풀어놓고 주인 없는 사과를 따먹으라니?' 이게 어찌 말이나 되는 소리냐고, 무슨 음모에나 걸려든 게 아닐까 의심증까지 발동합니다. 할 수 없이 내가 먼저 하나 따먹었습니다. 도둑으로 몰려도 인솔자인 내가 먼저 따먹었으니 변명거리라도 만들어야겠다는 속셈이죠. 그래도 우리 일행은 얼른 사과에 손이 가지 않습니다. 황 선생이 덥석 한입 깨물고 나서야 사람들이 하나둘 사과에 손을 뻗기 시작합니다. 조심스럽던 긴장이 차츰 풀리고 여행길 웃음소리가 다시 들리기까지 한참이나 시간이 더 걸렸습니다. 사과도 실컷 따먹고 한 상자씩 들고 나오는 모두의 얼굴엔 그제야 화색

만연입니다. 한데 그도 잠시, 이번엔 돈 낼 걱정, 자칫 우리 모두가 떼도둑으로 몰릴지도 모릅니다. 설마 그렇게야 될라고. 안심 반 걱정 반. 하지만 처음의 긴장된 경계심은 거의 풀린 것 같습니다. 주인 없는 밭에 들어와 사과를 딴다는 게 아무리 생각해도 신기한 모양입니다. "아! 신난다." 누군가의 외침에 폭소가 터졌습니다. 이젠 완전히 풀어진 것 같습니다.

"여러분, 이제야 영주 산골의 푸근한 인심, 따뜻한 인정에 녹아난 것 같습니다. 서울 깍쟁이들의 경계심이 눈처럼 녹아내린 것 같습니다. 그렇습니다. 이게 우리의 원래 모습입니다. 참으로 오랜만에 우리의 아름다운 인정문화를 체험하신 겁니다. 소중한 체험 길이 간직하시기 바랍니다."

이것이 세로토닌 문화원에서 영주로 문화기행을 자주 가는 사연입니다. 영주는 세로토닌 드럼 클럽의 산실이기도 하지만 영주는 지금도 선비문화, 유교문화가 퍼렇게 살아 있습니다. 백두대간에서 소백산의 분기점이라 푸근한 산골 인정문화 유산이 남아 있고 부석사, 희방사 등 유명한 천년 고찰이 즐비합니다. 영주는 한국 전통문화가 고스란히 보존된 고장이요, 한국의 자부심입니다.

허깅
문화

한참 전입니다. 일본 고베 대지진, 많은 사상자를 위로 격려차 전 세계 장애인들로 구성된 사랑의 음악회가 열렸습니다. 아름답고 감동적인 음악이 끝난 후 몇몇 아이들이 무대로 올라와 음악가들과 대화하는 시간이 마련되었습니다. 그중엔 양팔이 없는 음악가도 있었습니다. 온갖 질문이 쏟아졌습니다. 그런데 한 아이가 느닷없이 이렇게 묻습니다.

"당신에게 팔이 있다면 무엇을 가장 하고 싶은가요?"

저런 결례가? 어른들은 일순 멈칫했지요. 음악가는 조용히 있더니 "내게 팔이 있다면 한 번이라도 좋으니 내 사랑하는 사람을 꼬옥 껴안고 싶어요." 장내가 숙연해졌습니다. 그는 이어서 "그 팔로 사랑하는 가족, 친구, 모든 이를 꼬옥 껴안아주세요."

안는다는 것, 허깅Hugging은 아름다운 일입니다. 미운 사람, 싫은 사람끼리는 허깅을 하지 않습니다. 허깅은 어릴 적 엄마 품에 안기는 평온함을 가져다줍니다. 마음보다 더 직접적이고 강렬한 건 역시 몸입니다.

정신과에서 상담을 하노라면 이 사람에게 무슨 말을 해야 좋을지 아득하기만 할 때가 더러 있습니다. 벽에 부딪힌 느낌입니다. 그땐 조용히 포옹을 하면서 등을 두들겨줍니다. 그러면 내 어깨에 얼굴을 파묻곤 실컷 웁니다. 한결 마음이 편안해집니다. 백 마디 말보다 허깅의 치료 효과는 절대적입니다.

물론 젊은 여자일 경우엔 잘 하게 되질 않습니다. 한국 사회는 아직 허깅 문화가 낯설기 때문입니다. 이건 아마도 조선시대 남녀노소의 유별의식을 강조한 유교적 영향이 아닌가 싶습니다. 아직 악수를 잘 못하는 사람도 적지 않습니다. 어떤 여자들은 겨우 손마디만 내밀기도 합니다. 영 재수가 없습니다. 허깅은 더욱 어색할 수밖에 없지요. 이성 간엔 더더욱 그렇습니다.

예의로 할 수도 있고 친밀감의 표시일 수도 있습니다. 반가운 사람을 만나면 절로 허깅을 하게 됩니다. 이건 인간의 본성입니다. 친한 사이엔 손잡고 팔짱 끼고 어깨동무도 하는 게 자연스런 현상입니다. 허깅에 이것저것 따지거나 쓸데없는 의미를 붙이지 말았으면 좋겠습니다. 우린 아침 체조 후에나 산행을 마치고 하산하면 서로 어깨를 두들겨주곤 가벼운 허깅으로 감사를 표합니다. 자연스럽고 보기에도 아름답습니다.

당신은 그 팔로 무엇을 가장 하고 싶습니까?

산 같은
신부님

로마 가는 길에 아씨지에 있는 프란체스코 성당에 들렀습니다. 나는 교인이 아니어서 교회 쪽 이야기는 어두울 수밖에 없습니다. 오며가며 건성으로 들은 게 전부입니다. 하지만 프란체스코 신부님 이야기만큼은 내겐 깊은 감동으로 다가왔습니다.

나지막한 언덕에 기대선 작은 성당. 우선 크기에서 나를 '안심'시켰습니다. 내가 촌스러워서겠지, 나는 큰 집에 가면 괜히 위압감을 느낍니다. 유럽 여행의 필수 코스는 성당입니다. 그 도시에서 제일 높고 큰 건물은 성당입니다. 안으로 들어서면 바닥은 넓고 천장은 높아서 어쩐지 여기선 기도가 될 것 같지 않습니다. 너무 분위기가 무겁고 엄숙해서 숨쉬기조차 힘듭니다. 외경심은커녕 솔직히 내겐 위압감을 넘어 공포심까지 일어납니다. 당시 로마 교황의 막강한 권위를 이곳에서도 느낄 수 있습니다.

프란체스코 성당은 규모에서 아담하고 겸손해서 누구나 쉽게, 편안한 마음으로 들어갈 수 있습니다. 벽에 당시 글을 모르는 우매한 백성들을 위해 그림으로 성경구절을 묘사해 놓은 것도 인상적입니다. 가난한 자, 병자, 약자에 대한 그의 절실한 사랑이 배어 있습니다. 참으로 인간적이고 따뜻합니다. 바티칸의 절대권력 구조와는 차원이 다릅니다. 나를 감동케 한 건 나무에 앉은 새에게 말을 걸고 있는 신부님의 모습이었습니다. 그의 사랑은 인간에게뿐만 아니라 산천초목에까지 젖어 있습니다. 전언에 의하면 그는 풀 한 포기, 나무 한 가지를 꺾을 때도 경건한 기도와 함께 허락을 받고난 후 작업을 했다고 합니다. 뜰을 가꾸는 일에도 자연이 응답을 하지 않아 돌 하나 움직이지 못하고 며칠을 보내기도 했다고 하니 그의 깊은 자연에의 외경심을 엿보게 합니다. 성당은 밝고 아담했습니다. 절로 무릎을 꿇고 조용히 기도를 올리게 됩니다. 편안하고 마음이 따뜻해옵니다. 먼 곳에서 여기까지 찾아온 이방인에게도 그의 사랑이 넘치고 있음을 느끼게 합니다. 우리는 하나이구나, 시공을 초월해 서로는 이어져 있음을 확인시켜 줍니다. 기도를 드리면서 신부님의 따뜻한 손길을 느낄 수 있었습니다. 새에게 말을 걸 듯 나에게도 속삭이고 있습니다. 사랑한다고.

종교적 심성이 그리 깊지도 않은 나를 무엇이 이토록 감동케 만들었을까? 신부스럽지 않은 젊은 시절의 파란만장한 스토리만은 아닐 것입니다. 약자에 대한 그의 인간적 배려, 자그마하고 아담한 성당, 그리고 무엇보다 그의 자연에 대한 깊은 사랑 때문일 것입니다. 신부님은 정녕 산 같은 성인입니다.

5장

산행은 명상

산행은 명상이다

우리 어릴 적만 해도 산에 간다는 것은 천하고 힘든 노동이었습니다. 소꼴하러 가는 더벅머리, 나무꾼, 나물 캐는 아낙네, 심마니, 모두가 힘든 노동자였습니다. 그러나 세월이 좋아서겠지요. 이제 우리에게 산행은 즐거운 오락이 되었습니다. 구체적인 목적은 사람에 따라 다르겠지만 분명한 건 이젠 노동하러 가는 건 아닙니다. 건강을 위해 가는 사람이 제일 많을 것 같습니다. 혼자 가는 사람, 둘이 혹은 여럿이 가는 사람들도 있습니다만, 그러나 산을 오르는 동안은 혼자입니다. 혼자일 수밖에 없습니다. 오솔길엔 둘이 걸을 수가 없습니다. 둘이 간들 오르막길 숨이 가빠 대화도 안 됩니다.

혼자 올라갑니다. 산행하는 사람의 뒷모습을 바라보십시오. 조용하고 차분합니다. 그냥 묵묵히 걷습니다. 산에서 길길이 뛰며 흥분하는 사람은 잘 없습니다. 조용합니다. 엄숙하기까지 합니다. 줄지어 오르는 모습이 구도자, 순례자의 거룩한 행렬로 보입니다. 산에 들어서면 자기도 모르게 산을 닮아갑니다. 절이나 수도원에 면벽수도를 하는 성직자들의 뒷모습은 마치 태산이 떡 버티고 앉은 듯한 위엄을 느끼게 합니다. 조용하지만 그 기세에 압도당하는 기분입니다.

태풍이 불어도 흔들리지 않을 그 기품이 산 그대로입니다.

산은 바쁘게 오르는 게 아닙니다. 그럴 수도 없고. 동중정動中靜 천천히 걸어 오르노라면 마음은 그지없이 평온하고 차분해집니다. 이게 산이 주는 축복이요 산행이 명상의 경지로 이끌어주는 마력입니다. 쉬엄쉬엄 쉬어가노라면 더더욱 쉽게 명상의 경지에 빠져들 수 있습니다. 바위 위에, 큰 나무 아래 조용히 앉아보십시오. 온 산의 무거운 침묵이, 엄청난 힘이 내 몸을 지그시 눌러오고 있는 걸 느낄 수 있습니다.

'오늘은 정상에 가지 않는다.' 이런 생각을 한번 해보는 것도 나쁘지 않습니다. 우리는 거의 무의식적으로 등산하면 정상에 올라야 한다는 강박의식이 있습니다. 정상이 목표인 사람은 마음이 급해질 수도 있습니다. 숨이 차고 다리가 아파도 어떻게든 정상까진 가야 한다는 생각에 무리를 하게 됩니다. 이건 단련이지 수련이 아닙니다. 훈련이 아닌 이상 등산은 명상이라는 생각으로 올라야 합니다. 그래야 심신이 건강하고 철학이, 그리고 내 삶이, 한 마디 훌쩍 자란 모습이 느껴질 것입니다.

산행이 명상이라니?

선뜻 납득이 가지 않습니다. 우리는 명상이라고 하면 절에 스님들이 하는 깊은 참선을 떠올리곤 합니다만 실제로 명상은 우리 일상생활 중에 누구나 하고 있는 일입니다. 거의 본능적으로 하게 되는 게 명상입니다.

딱하게도 우리는 어릴 적부터 불행해지는 교육만 받아왔습니다. 성공해라, 공부해라, 놀지 마라……. 이게 잘 안 되면 우리 마음에 그늘이 지기 시작합니다. 어둡고 무겁고 자칫 썩을지도 모릅니다. 이걸 그대로 보고만 있진 않습니다. 우리 마음은 본능적으로 그것에 대한 대비를 합니다.

정원에 서면 나도 모르게 잡초를 뽑고 손질하고 다듬고 물 주고 거름도 주게 되지요? 나쁜 생각, 나쁜 감정들은 잡초를 뽑듯 몰아내고 따뜻한 마음, 사랑, 용서하는 마음을 심게 됩니다. 그건 인간의 본능적 반응입니다. 그게 명상입니다.

명상은 일부러 하는 것이 아니라 자연스럽게 되는 것이어서 우리는 누구나 일상에서 실제로 하고 있습니다. 소설에 빠져 홀딱 밤을 새운 적이 있겠지요? 게임에 빠져 혹은 운동에 열중하노라면 시간 가는 줄 모릅니다. 엄마가 아이 젖을 줄 때만큼 행복하고 평화로운 시간이 또 있을까요? 온 세상을 내 품에 안고 있는 엄마에게 무슨 근심이며 스트레스랴. 힘든 일을 할 때나 공부할 때도 우린 온 신경을 쏟아 그 일에 열중합니다. 이것이 명상입니다. 우리는 이처럼 일상생활 중에 명상을 자주 하고 있습니다. 명상한다는 생각도 없이 하고 있는 겁니다. 다만 그게 명상인 줄 모르고 있을 뿐입니다.

도서관에서 공부에 빠져 있습니다. 문득 창밖을 보니 깜깜 밤입니다. 그제야 으스스 춥기도 하고 목도 마르고 시장기도 듭니다. 시간의 흐름도 잊은 채 완전 몰두, 무아지경에 빠져 있었던 겁니다. 삼매경이라고도 하고 심리학에선 'Flow'라고 합니다. 가방을 챙겨 들고 밖을 나오는 순간, 아! 그 기분! 하늘을 찌를 듯 상쾌합니다. 그럴 수 있는 내가 자랑스럽고 대견합니다. 이보다 좋은 자아 영양제 Ego-Booster는 없습니다. 갑자기 실력이 쑥 자란 듯합니다. 목표에 한 걸음 다가선 느낌, 성취감, 달성감도 듭니다. 이게 명상이요, 명상이 안겨주는 축복입니다. 쾌적 호르몬 세로토닌, 도파민이 펑펑 쏟아지는 순간입니다.

언제나 이럴 수 있다면 얼마나 좋을까요? 이런 사람에겐 달리 명상이 필요 없습니다. 불행히 우리 일상생활이란 게 잘 그러질 못합니다. 그럴 땐 이걸 의도적으로 만들어보자는 게 명상의 목적입니다.

주가폭락으로 자살하는 사람이 있습니다. 주가 탓이라고들 생각하지만 실은 마음 탓입니다. 바깥세상 탓이 아닙니다. 무슨 일이건 마음먹기 나름입니다. 많이 갖고 있으면서 불행한 걸 보면, 행·불행도 결국 마음의 문제라는 결론이 분명해집니다. 한데 그 마음이 내 마음대로 되지 않는다는 게 문제입니다. 중요한 약속은 깜빡하면서 어릴 적 교실에서 오줌 싼 기억은 왜 오래도록 잊히지를 않죠?

생각하면 마음이란 참으로 야속합니다. 마음만 내 마음대로 조정할 수 있다면! 더러 해본 생각 아닌가요? 명상이 해답입니다. 해보시면 압니다. 한 걸음, 한 걸음, 산을 오르는 순간, 우리 마음이 어떠합니까. 절로 차분하고 참으로 평화로워집니다. 명상의 경지에 들었다는 증거입니다. 산행은 명상입니다.

뇌과학적 증거

산행이 명상이라는 건 우리가 체험으로 알고 있습니다. 산행이 불쾌하고 마음이 편치 않은 일이라면 누가 산에 가겠습니까. 산행이나 명상이나 하는 동안 혹은 하고 난 후의 심리적 효과는 다를 게 없습니다. 그렇지만 방 안에 조용히 앉아서 하는 좌선 명상보다 쾌적한 5감의 자극 속에 동적인 산행이 주는 명상적 효과가 훨씬 더 크고 하기도 쉽습니다.

먼저 명상의 뇌과학적 소견부터 들어보겠습니다.

명상을 하면 심신이 편안하고 쾌적하며 행복감에 젖기까지 합니다. 이건 물론 주관적 느낌입니다. 하지만 '왜 이런 일이 뇌 속에 일어날까?'에 대해 많은 뇌과학적 연구가 되고 있습니다.

명상을 하면 쾌감물질인 세로토닌이 분비됩니다. 그리고 이 물질이 안심감, 편안함, 안도감, 행복감을 만들어 내는 중요한 촉매 작용을 합니다. 전두엽합야와 변연계가 합작, 공명을 유도합니다. 이럴 때 기억을 담당하는 해마에서 새로운 신경세포Neuron가 솟아납니다. 이게 2000년 소크 의학 연구소의 젊은 뇌과학자 에릭슨의 위대한 발견입니다. 신생 신경세포의 작용은 크게 세 가지입니다.

①기억력, 사고력, 발상력, 적응력을 증대한다.

②부정적이거나 싫은 기억을 없앤다.

③스트레스 호르몬 분비를 억제함으로써 불안과 우울을 예방치료한다.

이렇게 중요한 해마는 대뇌회로의 중심에 위치하고 있어서 대뇌 여러 회로와 연결되어 있습니다. 5감 영역을 비롯하여 전두전야, 호르몬 조절의 시상하부, 감정의 편도체, 의욕의 기저핵, 행복의 대상회 전피질 등 중요한 뇌 부위에 광범위하게 연결되어 있습니다. 해마를 계속 자극, 활성화함으로써 새로운 신경세포Neuron, 신경망Synapse, 회로를 증식시켜야 합니다. 많은 방법이 있겠지만 명상도 그중 중요하고 즉각적인 수단의 하나입니다. 명상은 이제 '동양의 신비가 아닌 증명된 과학'입니다. 이것이 90년대 후반 미국 첨단 뇌과학자들이 내린 결론입니다. 그 이후 미국에서 명상 붐이 폭발적으로 일어나고 있습니다. 세기가 바뀌면서 빠름에서 느림으로, 동動에서 정靜으로의 엄청난 이행Shift이 일어나고 있습니다.

명상의 과학적 효과는 위에 열거한 몇 가지 입증된 것만으로도 엄청납니다. 명상의 심리적, 생리적 효과는 물론 이것만이 아닙니다.

단련형 대 수련형

앞에서도 언급했지만 태릉선수촌이나 해병대 훈련은 단련입니다. 젊은이의 산행은 대체로 단련형이지요. 아주 힘든 코스, 정상이 목표, 돌격 앞으로! 공격적입니다. 숨이 찹니다. 인내로 버티는 것이지요. 처진 동료를 돕고 격려하는 협동심, 엄청난 스트레스를 받습니다. 이런 때 뇌 속에는 놀 아드레날린이라는 공격성 호르몬이 분비되며 온몸의 교감신경을 흥분시킵니다. 숨이 거칠고 혈압과 맥박이 오릅니다.

드디어 정상! 야호! 소리가 절로 나옵니다. 승리감, 도취감, 달성감 그리고 드디어 해냈다는 자부심도 듭니다. 아, 이런 상쾌하고 신나는 기분이라니! 이런 때 우리 뇌 속에는 도파민, 엔도르핀 등 쾌적 호르몬이 분비됩니다. 대단한 흥분과 쾌감을 동반하지요.

문제는 이런 환희나 흥분은 오래가지 않는다는 것입니다. 땀이 식고 얼마를 지내노라면 그만 시큰둥해집니다. 정상에 막 올라섰을 때의 그 흥분과 환희가 가시고 이젠 별 감흥이 없습니다. 이것이 단련형의 도파민 등산의 과정이요 한계입니다.

그 흥분과 쾌감을 맛보려면 더 높은 정상을 다시 올라야 합니다. 더 높이, 더 빨리, 더 좋은 곳⋯⋯, 더⋯⋯. 이게 도파민 등산의 약점이요, 또 한편 강점이기도 합니다. 더 튼튼한 단련이 되기 때문이지요. 이들은 오르기 전 계획단계부터 가슴이 뜁니다. 정상이 가까울수록 힘이 납니다. 그리고는 정상의 환희를 맛봅니다. 이러한 전 과정이 힘들면서도 또 하고픈 의욕이 생깁니다. 도파민을 의욕 호르몬이라 부르는 소이가 여기 있습니다. 이것이 발전의 원동력이 됩니다. 문제는 쉽게 습관성이 되고 그 쾌감이 오래가지 못한다는 데 있습니다.

거기 반해 일반인의 산행은 수련형, 세로토닌적입니다. 산을 오른다는 것이 어디 쉽기야 하랴마는 그래도 이들은 오르내리는 과정을 즐기며 심신 수련에 목적이 있습니다. 산정에 오르면 와! 기분 좋다. 하지만 단련형의 도파민 같은 격정적인 환호와는 다릅니다. 그리고 세로토닌적인 것은 결코 넘치거나 습관성이 없습니다. 차분한 감동입니다. 도파민적인 쾌감에는 끝이 없습니다. 계속 '더'를 요구하게 되니 언제나 부족하고 불만입니다. 이것이 현대인의 비극입니다. 그렇게 갖고도 모자라 '더'를 요구합니다.

산행은 수련이요 세로토닌적이어야 합니다. 그래서 산행은 명상인 것입니다. 도파민형 산행은 웬만한 산에는 만족을 못 합니다. 처음에는 좋지만 점점 불만이 생기지요. 많이 갖고도 부족하다고 괴로워하는 현대인과 같은 심리입니다. 세로토닌 산행은 매일 가는 뒷동

산도 지겹지 않습니다. 한 발, 두 발, 슬슬 오르다 보니 "응, 정상이네!" 이것이 산행의 진수입니다. 정상이 목적이 아니라 과정을 즐기기 때문입니다.

지도자가
산에 가야 하는 이유

부하직원일 때는 고분고분 시키는 대로만 하면 됩니다. 자리가 높아져 리더가 되면 그때부터 그 인간의 본성이 드러납니다. 지배하는 자리에 서면 자기도 모르게 지배욕이 강해지고 차츰 교만이 자리 잡기 시작하지요. 부하직원이 자기 뜻대로 움직여주지 않으면 그만 화가 납니다. 자신의 권위에 대한 도전으로 받아들이기 때문입니다. 나를 우습게 보는구나, 심지어 피해의식까지 생깁니다. 권위를 세우려 할수록 부하직원의 속마음은 자꾸만 멀어집니다.

모름지기 CEO는 누구보다 큰 덕이 요구됩니다. 리더가 산에 가야 하는 이유가 여기 있습니다. 산을 배워야 합니다. 산은 거울이지요. 산에 가면 자기가 보입니다. 인간이 자연 앞에 얼마나 하찮고 작은 존재인가를 가슴 깊이 느끼게 됩니다. 정상에 올라 저 산 아래 도시를 보십시오. 거대 도시가 한 조각 장난감처럼 시시하게 보입니다. 저 속에 무슨 잘난 사람 따로 있고 못난 사람 따로 있을까. 절로 무릎을 꿇고 참으로 겸허한 자세로 되어가는 자신을 발견하게 됩니다. 이것이 자연 앞에 선 인간 본연의 자세입니다. 산행이 명상인 것도, 산행이 수련인 것도 그래서입니다. 사람들이 붐비는 경치 좋은 명산보다 조용한 산이 더 좋습니다. 그리고 혼자라야 합니다.

나는 대구 팔공산 산골에서 자랐습니다. 어느 날 우연히 뒷동산에 올라 우리 마을을 내려다보다 말고 그만 울컥 울음이 치솟았습니다. 구슬치기하다 동생과 다툰 일, 딱지 한 장에 친구에게 삐친 일…… 너무 창피하고 부끄러웠습니다. 참으로 하찮은 일로 속이 상한 일들이 어린 내 가슴을 무척이나 아프게 했습니다. 난 그길로 내려와 동생들에게 구슬이며 딱지 등 내 전 재산을 아낌없이 내주어버렸습니다. 얼마 지나자 또 욕심이 나긴 했지만 한때 그럴 수 있었던 내 자신이 참 대견스럽게 느껴졌습니다.

이것이 지도자가 산에 가야 하는 이유입니다. 지도자란 혼자되는 게 아닙니다. 밑에 많은 사람들을 거느려야 하고 통솔해야 합니다. 지도자는 많은 덕목을 갖추어야 합니다. 그중 제일 중요한 덕목이라면 '너그럽게 베푸는 일'이라 생각합니다. 산은 베풀기만 할 뿐 생색을 내지도 않지요. 산을 닮아 산 같은 지도자가 되어야 합니다.

걸음은
뇌를 위해

요즈음은 건강을 위해, 다이어트를 위해 걷는 사람이 부쩍 늘어났습니다. 하지만 이것도 궁극적으로는 뇌를 위한 운동입니다.

책상에 앉아 문제가 안 풀릴 때 우리도 모르게 일어나 방 안을, 혹은 뜰을 서성이게 됩니다. 그러면 정신이 맑아지고 주의집중이 잘 됩니다. 꽉 막힌 숙제가 풀리기도 합니다. 걸으면 그 리듬과 진동이 뇌간에 분포되어 있는 세로토닌 신경에 기분 좋은 자극이 되어 세로토닌이 분비되기 때문입니다. 뇌는 물에 뜬 두부와 같아서 가벼운 흔들림이 신선한 자극이 되어 대사력이 항진되면서 뇌가 활성화됩니다. 우리 뇌는 걸으면 기분이 좋아지게 되어 있습니다. 이른 아침, 맑은 공기, 가벼운 차림으로 한가한 시골 길을 걸어보십시오. 휘파람이 절로 나옵니다. 걷는 게 인간의 본능이기 때문입니다.

옛날 원시인은 수렵과 채집을 위해선 걸을 수밖에 없었습니다. 걷지 않으면 굶어죽을 수밖에 없는데, 걷는 것이 오늘날 우리처럼 그렇게 싫고 귀찮은 일이었다면 인류는 멸종하고 말았을 것입니다. 걷는 건 원래 즐겁도록 우리 유전인자에 설계되어 있습니다. 그런데 차車라는 마물이 나오면서 인간이 게을러지기 시작한 것입니다.

사뿐사뿐 걸어보십시오. 즐겁고 상쾌합니다. 잡념이나 근심 걱정이 있을 적에도 걸으면 사라집니다. 걸으면 좋은 아이디어가 떠오르고 공부도 암기도 걸으면서 소리 내어 암창하면 훨씬 효과적입니다. 기획이나 글을 구상할 적에도 걸음만큼 좋은 지원군이 없습니다.

걸음은 뇌를 위해 하는 것. 건강도 다이어트도, 걸으면 스트레스가 해소되기 때문에 생기게 되는 부산물입니다. 단 억지로 걷진 말아야 합니다. 그리고 걷다 피곤하면 그만둡니다. 대체로 한 번에 30분을 넘기지 않는 게 좋습니다. 그것도 10분에 3회로 나눠하는 게 더 효과적이란 게 최근의 보고입니다.

산행의 기본은 걷는 것입니다. 걸음 없이 산행은 성립되지 않습니다. 그러나 도심에서 평탄한 길을 걷는 것과는 아주 다릅니다. 오르막이니까 숨이 가쁘고 다리가 아파옵니다. 하지만 맑은 공기, 바람소리, 은은한 숲 향기에 취해 피곤한 줄도 잘 모릅니다. 그렇다고 무리는 마십시오. 욕심을 내면 안 됩니다. 욕심을 줄이기 위해 하는 게 산행입니다. 쉬어가며 가자는 것도, 굳이 정상이 아니어도 좋다는 이야기도 산의 멋진 운치를 즐기기 위함입니다. 마치 경주나 하듯 오르내리면 머리에 남는 게 없습니다. 산행은 산의 운치를 음미해가며 쉬엄쉬엄 오르내리는 게 본질입니다.

호흡을 조절한다

불안하거나 두려울 땐 손발이 떨리고 가슴이 두근거립니다. 아무리 조용히 하려해도 되질 않습니다. 이처럼 흥분된 교감신경은 내 의지나 뜻대로 말을 듣지 않습니다. 이게 자율신경 실조증입니다. 오래 가면 온갖 병으로 발전합니다.

이땐 호흡입니다. 깊이 천천히 해보십시오. 당장 마음이 조용히 가라앉습니다. 이게 호흡의 신비스럽고 위대한 능력입니다. 호흡만이 자율신경조절을 할 수 있습니다. 참으로 고마운 일이죠. 지금부터 2천년도 전, 인도 북부의 한 청년이 6년의 고행 끝에 보리수 아래 참선을 함으로써 깨친 위대한 발견입니다. 부처님의 이 호흡법이 효과가 없다면 지금까지 이어올 리가 없겠지요.

짐을 지고, 땅을 파고, 무슨 일을 하건 호흡 조절이 필수입니다. 목수의 대패질도 긴 호흡이 필요합니다. 단숨에 해야 하기 때문입니다. 명필도 호흡의 예술입니다. 오케스트라도 구성원 모두가 지휘자와 호흡을 맞추어야 아름다운 화음이 가능합니다. 그리고 청중과도 호흡이 맞아야 감동을 줍니다. 섹스도 두 사람의 호흡이 하나로 되어야 완벽한 성이 가능합니다. 명상의 기본이 호흡인 것도 같은 이유입니다. 호흡이 가라앉아야 마음이 가라앉기 때문입니다.

모든 명상의 기본은 조용히, 천천히, 부드럽게 하는 깊은 호흡입니다. 그리고 가급적이면 아랫배(단전丹田)로 합니다. 호흡을 아래로 가라앉혀야 합니다. 횡격막도 아래로, 복강의 장기도 아래로 가라앉아야 마음이 가라앉습니다.

화가 날 때의 응급처치를 아시죠? 그대로 폭발해버리면 자칫 평생을 후회할 일이 생길지도 모릅니다. 화는 일단 내기 시작하면 자꾸 폭증하는 경향이 있습니다. 점점 커져 나중엔 도저히 이성으로 조절되지 않게 됩니다. 그땐 일단 돌아서 심호흡을 세 번 하세요. 그런다고 화난 일이 풀릴 리야 없습니다만 그것만으로 잠시 여유가 생깁니다. 컨트롤하기가 좀 쉬워집니다. 보다 효과적인 방법은 잠시 걷는 겁니다. 그 자리를 떠나는 건 더욱 확실한 조절법입니다. 그러면서 천천히, 깊이 호흡을 해보세요.

깊은 심호흡으로 복강 내 장기도 운동을 하게 되고 산소 공급도 많이 되어 장 기능이 건강하고 유연해집니다. 호흡을 할 적엔 많은 근육이 관여하게 됩니다. 산을 오르면 호흡이 절로 깊어집니다. 이것이 '산행이 명상'이라는 또 하나의 이유입니다.

깊은 산속에 사노라면 피부도 맑아지고 피부 알레르기, 폐질환은 물론이고 암이 치료된 환자도 많습니다. 깊은 숲 속에는 맑은 공기만 있는 것이 아닙니다. 거기엔 우주의 숨결이, 혼이 잠겨 있습니다. 우주의 혼을 들이마신다는 기분으로 천천히, 깊이 들이마십시오. 이럴 때 우리는 우주와의 공감을 통해 영감이 열립니다. 영어에서 'Inspiration'을 영감으로 쓰는 이유도 여기 있다고 했지요? 호흡을 조용히 깊이 하면 마음이 그지없이 편안하고 맑아서 영감이 떠오릅니다. 풀리지 않던 숙제가 풀리기도 하고 생각도 못한 좋은 아이디어나 발상이 떠오르기도 합니다. 철학적 사색을 깊이 하는 자극제가 될 수도 있습니다. 수도원이나 절이 산속에 있는 이유를 알 것 같습니다. 산행은 명상이란 말이 확실히 이해가 됩니까?

호기를 조용히 하는 동안 부교감 우위로 되어 마음이 편안함은 물론 세로토닌이 분비됩니다. 명상을 하면 세로토닌이 분비된다는 많은 연구 보고가 있습니다. 이게 스트레스 치유에 명상만큼 효과적인 게 없는 이유입니다. 그리고 이것이 힐링의 요체입니다.

단전호흡

산을 오르다 힘이 들면 잠시 비껴 앉아 한숨 돌려 단전호흡을 해보세요. 하긴 의식적으로 하지 않아도 절로 그렇게 됩니다만. 단전은 배꼽 아래 세 손가락쯤, 우리 몸의 중심입니다. 여기가 모든 힘의 원천입니다. 도교道敎에서는 불로불사不老不死의 약인 단약丹藥을 갈고 닦는 곳으로 여기를 생명원生命源이라 부르기도 합니다. 한때 우리나라에도 『단학丹學』이라는 책이 붐을 일으킨 적도 있습니다. 한국에서는 여기를 기가 모이는 곳, 즉 축기畜氣의 장으로 부르고 있습니다. 여기가 튼튼해야 기가 살아 있고 활력이 넘친다는 뜻이지요.

그러기 위해선 튼튼한 허리가 물리적으로 받침대 역할을 잘 해주어야 합니다. 축구에서도 미드필더를 허리라고 부릅니다. 여기가 약하면 공수 어느 것도 연결이 제대로 되지 않습니다. 정신적으로는 배포가 좋아야 합니다. 물리성, 정신성, 그리고 단전의 활력성이 잘 조화된 상태가 힘의 중심이란 게 이해가 됩니다. 이럴 때 온몸에 통일감, 충실감이 넘쳐납니다.

일반적으로 우리 의식은 가슴 언저리에 있어 불안정하지만 이게 아래로 내려올수록 안정감이 생깁니다. 대지를 딛고 턱 버티고 섰을 때의 중심점입니다. 성악가의 소리는 목에서가 아니고 배에서 나옵니다. 이게 발성법의 기본이죠. 단전에서 나와야 자연스럽게 우주의 울림과 공명, 우렁차고 부드러운 소리가 됩니다. 깊이 조용히 가라앉아 있는 단전을 의식하고 호흡함으로써 심신이 안정됩니다. 생각도 마음도 느긋해서 긴장이 풀립니다.

호흡법의 단계는 우리가 일상으로 하는 얕은 흉식호흡, 의식적으로 깊이 하는 복식호흡, 그리고 최종 단계가 단전호흡입니다. 숨을 내쉬는 호기는, 먼저 아랫배를 등 뒤로 밀어붙입니다. 입을 가늘게 열어 천천히, 부드럽게, 길게 합니다. 호기가 끝나면 흡기는 코로 절로 됩니다. 명상 지도를 하노라면 초심자들은 단전호흡이 잘 되지 않습니다. 그땐 등산을 해보라고 권합니다. 산을 오르면 절로 아랫배로 심호흡을 하게 됩니다. 배가 불룩거립니다. 그게 단전호흡입니다. 이론적으로 까다롭게 썼지만 아랫배로 천천히 깊이 하는 게 단전호흡입니다. 산에 오를 제면 마음이 차분해집니다. 심호흡의 리드미컬 운동이 세로토닌 분비를 촉진해주기 때문입니다. 절이나 수도원이 산중에 있는 것도 오르는 동안 수도가 되기 때문입니다. 참으로 과학적입니다.

우리가 일상생활에서 계단을 오르자는 것도 같은 취지입니다. 거기다 하퇴근육이 튼튼해지고 에너지 소비가 많아서 트리밍 효과까지 일석삼조입니다.

명상의 기본

산행은 명상이라고 했습니다. 그리고 명상의 세 가지 기본은 ① 반듯한 자세 ② 깊고 부드러운 호흡 ③ 주의집중입니다.

산을 오르면서 정좌하듯 반듯한 자세가 되기란 물론 쉽지 않습니다. 우리가 자세에 대한 이야기를 따로 하지 않은 건 이 때문입니다. 그러나 잠시 따로 앉아 명상을 할 적에는 허리를 반듯이 펴고 해야 잘 됩니다. 웅크린 자세는 공격 – 방어적 자세입니다. 복싱, 레슬링 선수의 시합 장면을 지켜보시면 바로 알 수 있습니다. 웅크려 시합하다가 휴식 벨이 울리면 허리부터 폅니다. 공격적인 놀 아드레날린에서 휴식의 세로토닌으로 전환되기 위해서입니다.

끝으로 의식입니다. 여러분은 산행을 하면서 어디에 주의집중을 합니까? 무슨 생각을 하게 되나요? 걱정거리에 매달리지 말았으면 좋겠습니다. 명상은 집중입니다. 만트라Mantra를 속으로 외기도 하고, 의미가 있든 없든 한 단어에 집중할 수도 있습니다. 발자국 소리, 수를 세기도 하고 드나드는 호흡에 집중할 수도 있습니다.

하지만 초보자에겐 힘든 게 집중입니다. 아무 생각을 말라지만 산 사람이 어찌 생각이 없겠습니까. 오만 가지 잡념 때문에 명상이 안 된다고들 합니다. 그러나 그게 살아 있다는 증거입니다. 무슨 생각이든 좋습니다. 다만 생각과 싸우지는 말아야 합니다. 특정 생각을 떠오르는 대로 그냥 내버려두십시오. 마치 강가에 서서 흘러가는 강물을 바라보듯 덤덤히 바라만 보십시오. 마치 남의 일인 것처럼. 그러면 무슨 생각이든 감정의 동요가 없어집니다. 그것이 무상무념입니다. 무상무념이라고 아무 생각이 없는 무심의 경지가 아닙니다. 다만 무슨 생각이 떠오르든 감정의 동요가 없기에 마음이 편안할 뿐입니다.

그래도 집중이 쉽지 않습니다. 산행이 훌륭한 명상인 것은 한 걸음 한 걸음에 주의가 집중되기 때문입니다. 실제로 불가에선 행선이라고 해서 한 걸음 떼어놓는데 수분간이 걸립니다. 발바닥에 닿는 모든 감촉에 주의를 집중하기 위해서입니다. 산행도 행선의 일종이라고 생각하면 이해하기 쉬울까요? 조용한 방에 정좌, 호흡조절, 의식집중을 한다는 건 평소에 안하던 일이라 낯설고 잘되지 않습니다. 그러나 산행은 동적인 상태라 자연스레 잘 됩니다.

명상은 현재의 이 순간에 집중하는 일입니다. 노이로제 환자는 이미 끝난 지난 일에 매달려 후회하고 억울해하고 고민합니다. 그리곤 아직 닥치지도 않는 미래에 대해 걱정하고 두려워하죠. 하지만 이게 어찌 노이로제만의 일이랴. 우리 모두에게 이런 경향은 있습니다. 지금 여기 이 순간에 살아야 합니다. 과거를 반성하고 미래를 기획하는 건 좋습니다. 그러나 지나치게 거기에만 매달렸다간 가장 중요한 시간, 현재를 놓치고 맙니다. 그건 곧 인생을 놓친다는 뜻입니다. 우리가 진짜 현재에 살면 모든 게 새로운 의미로 다가옵니다. 색깔이 더 선명하고 꽃향기도 더 진하게 다가옵니다. 음악의 배경 선율까지 듣게 되지요. 현재 속에 깨어 있고 현재를 인식함으로써 감수성을 높이고 일상의 과제를 효과적으로 수행할 수 있습니다. 이것을 정신의학에선 '지금 여기 Here & Now' 상황이라 부릅니다. 정신치료도 따지고 보면 환자의 정신상태를 '지금 여기'에 집중토록 도와주는 일입니다. 안개 속을 헤매듯 어리뚱한 현대인에게 명상이 필요한 이유입니다.

숲 속 옛길에
저녁 종소리

산은 태생적으로 사람의 손길을 싫어합니다. 이걸 모르는 사람들이 많은 것 같습니다. 아무리 예쁘게 다듬고 잘 해놓아도 사람의 손길이 거친 이상 산은 산스러운 원래의 자태가 무디어집니다. 묘가 그렇고 묘비도 그렇습니다. 만고 효손들이 정성스레 가꾼 묘소들도 공중에서 내려다보면 마치 머리에 버짐이 난 듯한 게 솔직히 흉물스럽습니다. 절도 요즘은 하도 요란스러워서 절 같지 않은 절이 많습니다. 옛날 고승들은 산을 닮은 절을 지으려고 무척이나 애를 썼습니다. 지붕 처마에서 기왓장까지 그 산에 어울리게 조화와 균형을 맞추었습니다. 사람이 만든 절이로되 산 같은 절이었습니다. 해서 천년 명찰의 이름을 지켜오고 있는 것입니다. 곧 쓰러질 듯한 화전민의 집이 정겨운 것은 산속에 묻혀 산에 동화되어 있기 때문입니다. 전혀 이질감이 들지 않습니다. 인공적인 것도 산스러워야 산이 흡수·동화시키는 관대한 능력을 발휘하게 됩니다.

옛길도 마찬가지, 사람이 밟은 발자취로 길이 났지만 꾸불꾸불 산처럼 생겼기에 길이 아니고 산입니다. 산속 길은 사람만이 다니지 않지요. 토끼도 다람쥐도 그나마 열린 공간이라 시원하게 내달립니다.

도토리가 굴러 모이고 낙엽이 뒹굴어 쌓입니다. 풀도 자라 길을 덮고 얼마간 사람 발길이 뜸하면 빨간 딸기가 지천에 깔립니다. 이것이 산의 힘입니다. 그 위대한 복원력, 회복력에 놀라지 않을 수 없습니다. 우리 집안 성묘는 호동할배가 돌아가신 후로는 묘를 못 찾아 법석을 떨어야 했습니다. 길이 없어진 것이죠. 요즈음은 나무꾼도 소꼴 뜯는 사람도 없어 길이 그만 산으로 돌아가 버린 것입니다.

몇 백 년 아니 몇 천 년을 넘게 열려 있는 옛길이 정겨운 건 그래서입니다. 누군가 이 길을 찾는 사람이 있기에 아직 이렇게 열려 있는 것이죠. 뒷짐 지고 어슬렁거려 오르노라면 온갖 상념에 잠기곤 합니다. 까마득한 옛날 이 길을 처음 올라간 사람은 누구일까. 그땐 물론 길도 없었을 텐데 왜 여길 올랐을까. 호랑이라도 나옴직한 이 무시무시한 산골을 왜 올라왔을까. 그 뒤로 수많은 사람들이 이 길을 오르내렸을 텐데 무슨 사연들로 왜들 그랬을까요? 그리고 오늘 내 발길까지…….

잠시 땀을 훔치며 바위에 걸터앉습니다. 늦은 가을 햇살이 소나무 사이로 비스듬히 비칩니다. 우수수 낙엽이 지고 도토리 한 알이 툭 하고 내 어깨에 떨어집니다. 옛적 어느 님도 가을해가 뉘엿뉘엿 넘어가는 이 바위에 걸터앉아 땀을 말렸겠지요. 그리고 먼 훗날 또 누군가가요.

내려가려고 차비를 하는데 등 넘어 저녁 절 종소리가 은은하게 들려옵니다. 아, 저 소리. 천년을 저렇게 울렸을 저녁 종소리. 산속 옛길에서 듣는 저녁 종소리는 산울림과 함께 공명, 여운이 더 깊고 깁니다. 그지없이 편안합니다. 문종성번뇌단聞鐘聲煩惱斷이라 읊조린 선현들의 경지를 어렴풋이나마 알 듯도 합니다.

종소리는 등 넘어 멀리 들어야 그 은은한 여운이 영혼에까지 스며듭니다. 천하의 에밀레종도 가까이 들으면 둔탁한 파열음까지 가세하면서 이게 신종神鐘인가 하는 생각마저 듭니다. 하지만 잠시만 기다리세요. 첫성이 잦아들면 비로소 신종의 진수를 보여줍니다. 은은한 여운이 사람 혼을 앗아갑니다. 정말이지 넋이 나갑니다.

깊은 산 옛길에서 듣는 등 넘어 저녁 종소리. 아스라한 저녁노을처럼 부드럽게 가슴을 적셔줍니다. 산과의 완벽한 화음이요 조화입니다. 인공적이면서 산과 완전히 공명·동화된 지고의 예술입니다.

우리 마을을 지으면서 조심스럽고 고심했던 부분이 여기입니다. 우리는 불도저 작업을 최소한으로 줄였습니다. 옛사람이 살던 집터, 논, 밭에 그대로 지은 집이 오늘의 우리 마을입니다. 천장에 창을 열고 방 안에 정원을 만들었지만 산이 뭐라고 할까 항상 조심스럽습니다.

외로운 사냥꾼

제법 어스름이 깔린 늦은 저녁, 산에서 진객 한 분이 내려왔습니다. 첫눈에 산나물 캐러 온 심마니족이었습니다. 다리를 절룩거리며 몹시 지친 기색입니다. 어깨에 멘 자루는 반도 안 차 있습니다. 저녁을 맛있게 먹고는 혹시 자기 발 치료를 좀 해줄 수 있겠느냐고 묻는 겁니다. 몇 해 만에 왔는데 이렇게 멋진 병원이 있는 줄 몰랐다는 겁니다. 나를 알아보더니 그는 여기가 병원인 줄 아는 모양입니다. 신발을 벗는데 시커먼 피가 흥건히 고여 있습니다. 썩은 냄새가 진동하는 양말을 벗고 발바닥을 보니 기가 찹니다.

"이 발로 어떻게 산을?"

"산꾼들은 발이 아플 때 더 잘 탑니다."

이들은 산행을 '산을 탄다'고 합니다. 발바닥엔 주먹만한 티눈이 박여 있고 그것이 뭉개져 유혈이 낭자합니다. 응급처치를 대충 끝내고 쉬셔야겠다고 말했습니다. 그는 입가에 묘한 웃음을 띠더니 "이 발로 올라야 재수가 있는 걸요."

그는 저녁 값에 치료비까지 낼 셈인지 자신의 무용담을 늘어놓았습니다.

"그날도 이 발에 피를 뚝뚝 흘리며 바람골(우리 마을 좌청룡 골짝)을 오르는데 팔뚝만한 산삼을 캤지 뭐예요. 2백 년은 족히 되었을 걸요. 나중에 듣자 하니 서울 어느 재벌 영감이 수억을 주고 사먹었다지 뭡니까?"

과장기가 있긴 했지만 그의 구수한 입담이 전혀 밉지가 않았습니다.

"심마니들은 몇이 떼를 지어 다니던데 왜 혼자죠?"

"발이 아파 동료와는 걸음이 맞지 않습니다."

그리곤 벌떡 일어나더니 절뚝거리며 걸어 내려갔습니다. 걱정 말란 듯이. 나는 그를 보내놓고도 계속 내 머리를 감도는 사냥꾼 생각에 깊이 잠겼습니다.

미국에서 정신과 수련의 시절, 꼭 닮은 사람을 치료한 적이 있습니다. 그는 성공한 사업가이자 직업 사냥꾼이었습니다. 한데 그에겐 발바닥에 큼직한 티눈이 박여 있어 걸핏하면 출혈이 일어나는 통에 제대로 걸을 수 없었습니다. 그러나 이상하게도 티눈이 잔뜩 성나 퉁퉁 부어올라 피가 흐르는 동안이 그에겐 전성기라고 합니다. 사업도 잘 되고 사냥도 잘 되고 해서 그는 아픈 티눈에 항상 감사를 드리고 있노라고 했습니다. 그러다 좀 편히 쉬면 티눈도 잠잠해지고 아프지도 않게 됩니다. 그러면 '이때다!' 하고 불청객이 찾아옵니다. 우울증, 얼마나 심각한지 자살까지 생각합니다. 그가 정신과를 찾은 것도 물론 이때입니다. 지난 사냥철만 해도 온 산을 누비고 다니며 멧돼지를 몇 마리나 잡았는지 그리고 신발사업도 주문이 쇄도하는 바람에 잠을 제대로 잘 수 없었습니다. 발의 티눈도 조용할 수 없지요. 부어올라 피가 흐르지요. 그럴수록 더 열심히 뛰어야 아픈 것도 잊고 녹초가 되어 잠도 잘 오고, 세상 살 맛이 났었습니다. 그게 지난가을 일입니다. 그의 일생을 들어보노라면 고통과 성공 사이엔 묘한 함수관계가 있습니다. 당시 내 지도교수는 그를 '외로운 사냥꾼 증후군Solitary Hunter Syndrome'으로 진단했습니다. 아픈 통증이 그를 움직이게 하는 힘이라면 그에겐 깊은 죄책감이 자리하고 있다는 것. 이를 찾아 해결해야 이 악순환의 고리를 끊을 수 있을 것이라고 조언해 주셨습니다. 더 이상의 깊은 정신분석적 이야기는 그만하기로 하지만 가끔 정신과 임상에서 만날 수 있는 사람입니다. 깊은 죄책감을 씻기 위해 자기를 학대, 혹사하는 자학적인 사람들입니다. 주위로부터는 참 좋은 사람이라는 평을 듣지만 그는 어느 한순간 마음 편할 날이 없습니다. 아프지 않는 한.

절룩거리며 내려가는 심마니의 뒷모습을 바라보며 '그에게도 어딘가 말 못 할 사연이 있는 걸까.' 잠시 해본 정신과 단상입니다.

가을 구름을 타고

산에선 한가로이 하늘을 바라볼 수 있어 좋습니다. 도심에선 별 하는 일이 없어도 쫓기는 기분에 하늘을 쳐다볼 여유가 없습니다. 그래서 더 각박하고 답답한 게 도심의 생활입니다. 마음껏 하늘을 쳐다볼 수 있다는 것도 산에 사는 사람의 축복입니다. 우리 마을은 마당이래야 손바닥만 합니다. 아직 한낮의 열기가 식지도 않았는데 앞산 그림자가 벌써 마당을 덮어옵니다. 그제야 사람들이 하나둘 마당으로 나오기 시작합니다. 낮 동안 어디에 숨어 있었는지 해질녘에나 얼굴을 볼 수 있습니다. 애리조나 남쪽 끝 사막 한복판에서 왔다는 손님도 반갑게 인사를 건넵니다. 산이라고는 평생 처음이라는 분입니다. 지낼 만하느냐고 물었더니 자기는 단풍을 보고 눈이 오는 것을 보고서야 돌아가겠노라고 기염을 토합니다. "언제쯤 단풍을 볼 수 있느냐", "정말 저 푸른 나무들이 그림에서 보듯 영롱한 붉은 색으로 바뀌느냐?", "진짜 여기도 눈이 오느냐. 무색의 빗방울이 어떻게 하얀색으로 변하느냐?" 일흔 나이답지 않게 어린애 같은 신기한 눈을 하고 계속 물어옵니다.

"하늘에 가을 구름이 길게 늘어선 걸 보니 가을도 그리 멀지 않은 것 같습니다. 올 여름은 하늘도 유별스럽게 변덕스러웠습니다. 이제 가을입니다. 가을은 하늘에서 시작됩니다."

"가을이 하늘에서 시작된다고요? 가을 구름이 따로 있나요? 여름 구름과는 어떻게 다른가요?"

한번 묻기 시작하면 대답할 여유를 주지 않고 계속입니다.

"보세요. 저 하늘가로 줄 지어선 구름이 가을 구름입니다. 대지와 지평선으로 아이들이 줄자로 선을 그은 듯한 저 구름이 가을이 온다는 전령이죠. 여름 구름과는 성질이 다릅니다. 여름 하늘의 뭉실뭉실 피어오르는 하얀 뭉게구름 속엔 무서운 악마가 입을 벌리고 있습니다. 하얀 장미의 유혹이죠. 저 속엔 무서운 전류가 흐르고 뇌성이 요란합니다. 그런가 하면 다음 순간 온 하늘이 시커먼 구름으로 덮이면 땅에는 홍수로 난리가 납니다."

애리조나 하늘엔 온종일 푸른 하늘뿐 구름이 없대서 설명을 길게 할 수밖에 없습니다. 쿠리라는 묘한 이름의 노신사는 구름에서 눈을 뗄 줄 모릅니다. 그는 헌티라는 이름의, 지도에도 없는 사막 마을에서 왔습니다. 아침 식탁에서 펼치던 사막 예찬론이 쏙 들어가 버렸습니다.

"끝없는 지평선, 작열하는 태양, 신비스런 지평선의 해돋이, 황홀

한 낙조, 맑고 건조한 공기, 밤엔 만천의 별들이 쏟아지는 헌티 마을, 사방을 둘러봐도 어디 하나 막힘이 없는 탁 트인 공간, 속이 다 후련합니다."

"여긴 사방이 산으로 꽉 막혀서 지내기가 답답하죠?"

"아닙니다. 전혀 아닙니다. 나도 처음 생각엔 그럴 줄 알았지요. 산골짝에 들어가면 답답해서 어떻게 견딜까 걱정이었죠. 한데 내가 놀란 건 여기야말로 지상낙원이란 생각으로 바뀐 겁니다. 푸른 숲만 보고 있어도 마음이 그저 편안합니다. 저 숲 뒤엔 무슨 신비가 숨어 있을 것 같습니다. 막 빨려들 것 같습니다. 이게 무슨 향기죠? 사막에선 상상도 할 수 없는 은근하고 깊은 향기가 사람을 취하게 만듭니다. 계곡물 소리가 마치 천사의 노래처럼 달콤해서 밤새 잠을 이룰 수 없습니다. 풀벌레 울음, 아침 새들의 합창, 난 아주 넋이 나간 것 같습니다. 그리고 간간히 불어오는 이 시원한 바람, (나를 가리키며) 닥터 리가 늙지 않는 이유를 알 것 같습니다. 이 감동을 어떻게 표현해야 할까요? 시인이 못된 게 못내 아쉽습니다. 저리도 다정하게 평화롭게 줄 지어선 가을 구름 아래, 붉은 단풍, 상상만으로 가슴이 뜁니다."

그는 '세상에 가장 행복한 사람' 하고 나를 꼭 껴안습니다.

6장

입산에서 하산까지

새벽 산을 어슬렁거리며

홍천 산속 깊이 있는 건강 마을, 선마을엔 '자연명상'이라는 시간이 아주 인기입니다. 계절에 따라 융통성이 있긴 합니다만 새벽 6시 유르트에 모여 아침 체조를 간단히 마친 후 산행을 떠납니다. 약 2시간 진행되는 자연명상은 산의 이곳저곳을 어슬렁거리며 인간과 자연이 하나로 이어져 있음을 일깨우는 소중한 시간입니다. 비가 오나 눈이 오나 진행됩니다. 눈 속에 맨발로 대지명상을 할 적엔 발이 얼어붙습니다. 그래도 누구 하나 불평하는 이 없다는 게 참으로 신기하고 고맙습니다. 그만큼 우리가 자연과 유리된 생활을 해왔구나 하는 깊은 자성에서 오는 인내와 이해 때문이 아닌가 하는 생각입니다. 자연명상이라곤 했지만 깊은 명상은 아닙니다. 사색명상이라는 편이 어울릴 것 같습니다. 지도자는 간간히 힌트를 줍니다. 인간과 자연, 산, 우주, 삼라만상이 하나로 이어져 있다는 생각을 하고 거기서 깊은 사색을 유도하는 형식입니다. 지도자는 힌트만 줄 뿐 사색은 각자의 몫입니다. 그리 길지 않은 시간이지만 저마다 깊은 상념에 빠지기도 하고 명상의 경지에 들기도 합니다. 나무를 안고 조용히 눈물을 흘리는 사람도 적지 않습니다. 매트나 잔디에 누워 하늘을 보는 시간도 상당히 인상적인 것 같습니다. 아주 그대로 누워 일어나려 하지 않는 이도 더러 있습니다.

"무슨 생각을 하셨기에 일어날 생각을 안 하십니까?"

"별 생각한 것도 없는데…… 괜히 슬퍼 주책없이 눈물이 흘러 일어날 수가 없었습니다."

많은 생각이 오가겠지요. 진행되는 마당에 따라 장소를 옮겨가며 하게 됩니다. 산중턱에 오르는 고비는 제법 숨이 찹니다. 거기서 잠시 스태프가 준비해간 차나 커피 한 잔을 곁들입니다. 새벽 산의 커피 맛은 참으로 남다릅니다. 산행을 마치고 돌아온 일행의 표정이 하나같이 부드럽습니다. 깊은 상념의 세계에서 아직 빠져나오지 못한 것 같습니다.

이 시간이 좋아서 일 년에 몇 차례 다녀가는 사람도 적지 않습니다. "이제야 산을 알 것 같습니다!", "이게 산이지!", "처음으로 산의 진수를 맛보았습니다!", "철학자가 된 듯한 기분입니다." 저마다 소감은 달라도 산의 의미가 나름대로 가슴에 새겨진 것 같습니다.

새벽을 열며

상쾌한 새벽입니다. 발아래 새벽안개가 자욱이 위로 밀려오고 있습니다. 산골짝은 신비스런 람색의 은장막으로 덮여 있습니다. 아! 새벽의 이 장엄하고도 신비스러운 색깔, 새벽의 여명이 너무 아름답다고 문제가 될 게 있을까요?

희뿌옇게 밝아오는 여명과 함께 세상이 열리고 있습니다. 우주가 천지개벽한 아침이 이러했겠지요? 이 장엄한 순간을 지켜보는 것만으로 우린 오늘 새벽 축복받은 출발을 하게 된 것입니다.

지금 이 시간 도심, 집에 있었다면 무엇을 하고 있을까요? 잠? 아니면 신문이나 TV 시청? 거기다 담배 한 대 꼬나물었겠지요? 이 축복받은 아침에 그런 일들로 머리를 오염시키다니 끔찍한 일 아닌가요? 도대체 얼마나 오래 우린 그런 생활을 이어왔나요? 그래도 그간 비워둔 도심 생활이 궁금합니까? 나 없이 잘 돌아갈까 걱정이 됩니까? 장쾌한 새벽안개를 보십시오. 이제 우린 선경仙境에 와 있습니다. 맑디맑은 우주의 기운이 우리 허리를, 온몸을 감싸 흐르고 있습니다. 몸과 마음이 티 없이 맑아지는 걸 느낄 수 있습니다. 크게 조용히 심호흡을 해보십시오. 이 맑은 산속의 공기를, 우주의 맑은 혼을 들이마십시오.

6장. 입산에서 하산까지

입산의식을
치르겠습니다

이만치서 산을 올려다보십시오. 멀거니 건성으로 보면 산은 그저 산일 뿐입니다. 마음을 열고 찬찬히 보아야 산이 산스럽게 다가옵니다. 내가 정신없이 분주하게 뒷골목을 누빌 때는 산이 나를 내려다보고 있지만 한가로이 여유를 갖고 볼 땐 내가 산을 보게 됩니다. 이제 막 새벽 물안개가 꽃 피어오르듯 산정을 향해 조용히 오르고 있습니다. 이것만으로도 산은 정녕 신비하기만 합니다.

우리 조상은 대대로 이 산을 의지해 살아왔습니다. 산나물에서 땔감, 물, 먹을 식자재까지 우리에게 산은 생명 그 자체입니다.

우리 조상에겐 영산 신앙이 돈독할 수밖에 없습니다. 산을 신령스런 곳으로, 무한한 외경심으로 바라보곤 했습니다. 나물 한 뿌리를 뜯어도 한없는 감사와 함께 조심스러워했습니다. 삶의 터전을 함부로 할 순 없습니다. 우리 조상은 진짜 산신령이 있는 걸로 믿었습니다. 등산이란 말도 쓰지 않았습니다. 그 신령스런 산을 밟고 오르다니, 불경스럽기 그지없는 일입니다. 입산, 산에 든다고 했지요. 엄마 품처럼 포근한 품 안에 안겨 순한 어린이가 되었습니다. 산을 아끼고 사랑하는 마음이 각별할 수밖에 없지요.

여름에 낫을 든 자는 산에 들게 하지 말 것이며

코가 작은 그물을 든 자는 개울에 넣지 말라.

다산 선생의 어록에 나오는 엄중한 경구입니다. 요즈음 개발에 굉음을 울리는 불도저광이 들었으면 좋겠습니다. 내 몸을 아끼듯 소중히 가꾸라는 뜻입니다.

우린 이제 이 고마운 산에 들려고 합니다. 한없는 외경심과 고마움을 가슴 가득 담고 입산하도록 하겠습니다.

몇 가지 과제

산에 들면서 몇 가지 과제가 있습니다. 여느 때와는 좀 다른 산행이 었으면 좋겠습니다. 우리는 산에서도 경쟁의식이 곧잘 발동하곤 합니다. 거의 습관이 되어버린 것 같습니다. 숨 쉴 여유 없이 앞사람 뒤통수만 바라보고 오르내리니 산 경치 하나 변변히 돌아볼 여유가 없습니다. 천하 명산을 다녀와도 우리에겐 이야깃거리가 없습니다. 쉬엄쉬엄 쉬어가며 발아래 경치도 내려다보고 개울에 앉아 도시락도 나누어 먹고 정겨운 대화를 조용히 나누다 내려오면 될 일인데. 마치 경쟁이나 하듯 꼭 산정에 올라야 하는 건가요? 어슬렁거리다 시간이 되면 내려오는 거지요. 정상을 안 간다고 경찰이 잡아갑니까? 왜 기를 쓰고 올라야 하나요? 좀 찬찬히 생각을 가다듬으며 산행을 했으면 좋겠습니다.

① 무엇보다 우리는 산에의, 자연에의 외경심, 감사함을 다시 한 번 일깨워야겠습니다.

② 자연을 느끼는 시간입니다. 그냥 보고 듣고 좋다는 것만으로는 감동이 일어나지 않습니다. 온몸에 전율이 올 정도의 감동이라야 뉴런의 소포에서 감동물질이 터져 나와 온몸의 세포에 감동반응을 일

으킬 수 있습니다.

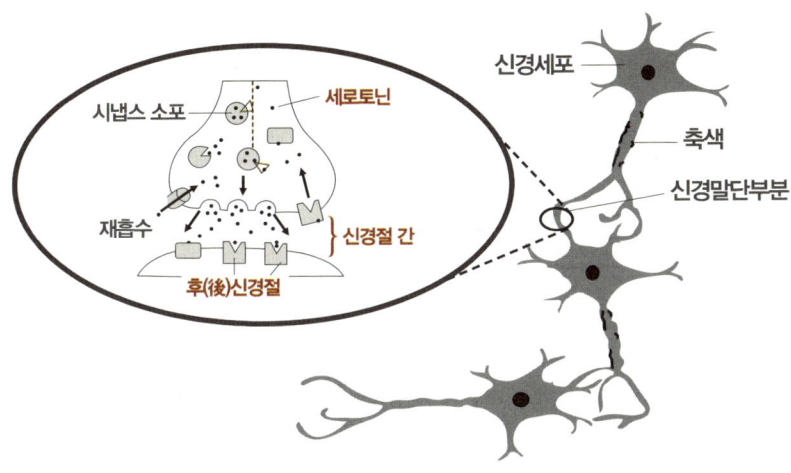

뇌신경세포의 전달

여기서 잠시 감동의 뇌과학을 살펴보겠습니다. 산행은 감동의 연속입니다. 이럴 때 우리 뇌 속에는 어떤 일이 일어날까요? 뇌 속에는 30여 종의 신경전달물질(호르몬)이 있습니다. 우리가 어떤 마음을 먹느냐에 따라 신경세포의 작은 주머니 속 호르몬 분비가 달라집니다. 터져 나온 호르몬이 신경세포 사이 시냅스로 방출, 다음 신경세포로 릴레이식으로 전달되어 우리 몸에는 그에 따른 반응이 달리 나타납니다.

산에 오면 잔잔한 감동이 일어납니다. 마음이 차분하고 편안해집니다. 이때 뉴런에서 세로토닌이 분비됩니다. 세로토닌 소포가 터지는 것이죠. 이것이 터져야 감동 반응이 온몸에 조용히 일어납니다. 이것이 감동의 뇌과학입니다. 이것을 터뜨리는 것은 각자의 몫입니다. 건성으로 산행을 하면 터질 리가 없지요. 아무런 감동이 일어나지 않습니다. 산 맛을 느껴야 합니다. 그래야 감동물질, 세로토닌이 분비됩니다.

③ 자연과 인간을 생각해보는 시간입니다. 긴 설명이 필요 없습니다. 생각할수록 자연에게 미안하고 부끄럽습니다.

④ 자연과 조용히 대화를 나누어 보는 시간입니다. 마음의 문을 열고 조용히 대화해보십시오. 자연은 우리의 상상을 초월할 만큼 감응이 예민하다는 걸 알 수 있습니다.

⑤ 자연으로부터 무엇을 배울 것인가를 생각해보는 시간입니다. 자연은 우리에게 위대한 스승입니다. 자연은 그대로가 교실이고 자연현상 어느 것 하나 교훈적이 아닌 게 없습니다.

⑥ 자연과 하나되는 시간입니다. 이런 과정을 통해 우리는 자연과 하

나가 됩니다. 그리고 우주와의 일체감을 갖게 됩니다. 우주의 삼라만상은 떨어져 있는 것 같으면서 서로가 이어져 있는, 우리는 모두 하나임을 확인할 수 있습니다.

⑦ 자연 속에 나를 만나는 시간입니다. 하루 생활에 쫓기다 보면 내가 지금 어디로 가고 있는지, 이대로 가면 되는 것인지, 이게 정녕 내가 원하는 인생인지 생각해볼 여유가 없습니다. 잠시 걸음을 멈추고 한 번쯤 내 자신을 돌아보는 시간을 갖자는 겁니다.

⑧ 자연의 정기를 듬뿍 받는 시간입니다. 숲 속엔 신령스런 우주의 정기로 가득합니다. 가슴 가득 깊이 호흡하노라면 온몸이 우주의 정기로 샤워를 하는 느낌을 받게 됩니다. 지치고 활력을 잃은 60조 개의 세포 하나하나가 신선한 기운으로 넘쳐나는 걸 느낄 수 있습니다. 이게 자연력自然力입니다. 위대한 우주가 인간에게 주는 선물이죠. 자연의 축복 속에 의미 있는 시간이 되었으면 좋겠습니다.

자연에의 외경심을!

산이 보입니까? 산에 들어와도 산이 보이지 않는 사람도 더러는 있습니다. 산을 둘러보십시오. 이 산은, 이 숲은 그리고 저 바위는 언제부터 여기 이렇게 있었을까요? 그리고 나는? 생각이 여기까지 미치니까 기분이 묘하지요? 우리 조상은 산을 바라보면서 인생무상의 경지를 깨치곤 했습니다.

숲을 둘러보십시오. 은은한 숲 향기, 숲의 신령한 영기를 느껴보십시오. 깊고도 무거운 신비스런 기운을 느낄 수 있습니다. 저 깊은 숲 속에 우주의 울림이 잠겨 있습니다. 바쁘면 보이지도 들리지도 않습니다. 천천히! 그리고 찬찬히 둘러보십시오.

자연은 자기 사는 주변을 언제나 깨끗이 유지합니다. 들짐승도 제 사는 둥지를 더럽히지 않습니다. 자연은 공해를 발생시키지 않습니다. 연료를 태워 고열 처리를 안 해도 자연은 상온에서 인간이 만든 어떤 것보다 우수한 제품을 만들어냅니다. 인간이 비행기를 만든 훨씬 이전부터 새는 하늘을 날고 잠수함 이전에 고기는 물속을 헤엄쳐 다녔습니다. 사고도 없이. 이게 자연의 힘입니다. 자연은 서로 협력하고 조화롭게 살아갑니다. 숲을 이루고 있는 나무, 풀, 이끼, 새, 곤충들은 효율적인 재활용 조직으로 평화롭게 공생하고 있습니다. 만약, 어느 하나가 욕심을 내다가는 순환의 질서가 파괴되어 결국 모두가 공멸하고 맙니다. 그런 종은 지구상에 이미 멸종하고 말았습니다. 썩은 나무 둥지도 온갖 짐승들의 먹이가 되고, 집이 되고 그리고 그 위에 또 새나무가 자라고 있습니다. 사멸은 새로운 창조의 시작입니다. 이게 자연계의 위대한 질서입니다.

문제는, 유일하게 인간이라는 종입니다. 인간만이 자연을 파괴, 착취할 뿐, 돌려주는 것이 없습니다. 이윽고 지구가 인간이란 동물과의 공생을 못하겠노라고 몸살을 앓고 있습니다. 불길한 징조가 도처에 나타나고 있습니다. 자연 없이 인간이 존재할 수 있을까요? 다시 한 번 자연에의 외경심, 감사함을 일깨워야겠습니다. 도시의 피로에 지친 우리 심신을 이 위대한 자연은 치유해 줍니다.

바위부터
만난다

산에 들면 여기저기 떡 버티고선 바위가 먼저 눈에 들어옵니다. 희끄무레한 어둠 속 곳곳에 지긋이 버티고 있는 믿음직한 바위들, 나이를 묻기가 송구스러울 정도로 까마득한 옛날부터 여기 이렇게 버티어 왔겠지요. 바삐 스치고 지나는 사람들을 물끄러미 바라보곤 했겠지요.

바위는 말이 없습니다. 산이 조용한 것은 바위의 무거운 침묵 때문입니다. 산이 든든하고 믿음직스럽고 만고불변의 칭송을 듣게 된 것도 어쩌면 저 바위들이 산을 든든하게 지탱해준 음덕이 아닐까요. 수만 년의 세월이 흘러도 저 바위들은 저기 저렇게 믿음직스럽게 버티고 섰겠지요. 멀리서 보면 온통 산은 숲으로 덮여 있어 나무가 산의 주인인 듯싶지만 막상 가까이 와보면 주인은 다름 아닌 바위들이 아닌가 싶습니다. 나무들은 겨우 바위 틈새를 비집고 셋방살이 하듯 살고 있는 형국입니다.

그래도 녀석들은 워낙 키가 커서 뽐내고 흔들어대는 통에 온통 산이 제 것인 양 거들먹거립니다. 그래도 시샘하거나 생색을 내지도 않는 게 바위들입니다. 건들거리는 나무 그늘에 가려 보이지 않아도 애써 보이려고 목을 길게 뻗지도 않고 제 생긴 그대로 둥글둥글하게 제자리를 지키고 섰습니다. 바위와 마주하면 말이 없어집니다.
심심한데 옛날 바위한테 들은 이야기 한마디 하고 가렵니다.

해거름한 가을 들판을 바삐 지나 겨우 산허리에 들어선 선비가 길가 큰 바위에 걸터앉아 잠시 땀을 식힙니다.
"노형, 어디로 가는 길이오?"
바위는 그 선비의 바쁜 사연이 궁금했습니다.
"행복을 찾아 가는 길이외다."
선비의 응답에 바위가 또 묻습니다.
"그래 찾았소?"
선비가 뭐라고 대답을 하는데, 아뿔싸 때마침 불어온 가을바람에 우수수 낙엽 지는 소리 때문에 들리지 않습니다. 겨우 바람이 자 낙엽을 헤집고 바라보니 선비는 벌써 저만치 고갯마루를 바삐 넘어가고 있습니다.
"쯧쯧, 좀 더 쉬다 갈걸, 뭐가 그리 급한가. 가을 해가 짧은데 저 높은 고갯길을 잘 넘어야 할 텐데."
바위는 못내 아쉽기만 합니다.

자연을 느끼는 시간

5감을 열고 자연을 느껴보세요. 평소 도심에서 그냥 무심코 지나쳐 버린 소중한 것들을 가슴에 와닿게 느껴보는 시간입니다. 길가에 핀 꽃, 나뭇잎, 새소리, 물소리, 하늘, 구름…… 숲 속의 신령스런 기운까지. '느낌의 즐거움을 느껴보는' 시간, 감동의 시간입니다. 거기서 오는 잔잔한 감동이 도심의 메마른 감성을 풍요롭게 해줍니다. 그냥 산이 좋다는 것만으로는 안 된다고 했지요. 가슴이 찡하게, 온몸에 전율이 흐르게 감동을 해야 합니다.

'5감이 열리다니?' 그게 무슨 뜻이냐고 묻는 사람이 더러 있습니다. 우리가 사는 도시 생활을 생각해보면 바로 알 수 있습니다. 하수구 냄새, 옆 사람 땀 냄새에 코를 막습니다. 꼴 보기 싫은 일에 눈을 감습니다. 클랙슨 소리, 휴대폰 소리에 귀를 막습니다. 사람과의 접촉이 싫어 혼자 앉습니다. 모든 감각 기관은 다 닫고 막고 사는 게 도시 생활입니다. 그것만이 아닙니다. 잠시 외출에도 이중, 삼중으로 문을 잠급니다. 이웃과 인사도 하지 않고 마음까지 닫고 사는 참으로 답답한 도시생활입니다. 열려 있는 것은 오직 비상감시체제, 소매치기, 치한, 경쟁, 짜증……. 잠도 편치 않습니다. 바스락 소리에도 '도둑인가?' 바짝 긴장을 해야 합니다. 우린 이걸 스트레스라 부릅니다. 놀아드레날린, 교감신경 긴장의 연속입니다. 도시의 생활은 그 자체로 스트레스입니다. 잠시도 감시와 긴장의 끈을 늦추어서는 안 됩니다. 바짝 긴장하고 정신 단단히 차려야 합니다. 어물쩍하다간 코 떼일 세상입니다. 도시인의 만성 피로는 이렇게 찾아옵니다.

산에서는 어떻습니까? 5감이 열린다는 뜻이 이해가 되지요? 당장 공기가 달지 않습니까? 물소리, 바람소리, 보이느니 푸르름. 5감이 절로 열립니다. 그러면 감성과 창조의 보고, 우뇌가 열립니다. 이보다 더 좋은 자연치유제는 없습니다.

낙엽 위에 편안히, 이 숲 속에 나 홀로인 양 앉아보십시오. 굳이 명상 자세가 아니어도 좋습니다! 먼저 듣기부터 해보세요. 눈을 감고 오직 들리는 소리에만 주의를 기울여보십시오! 새소리, 물소리, 바람소리, 자세히 들어보시면 같은 것 같으면서 같지 않은 흔들림이 절묘한 조화를 이루고 있습니다. 전문용어로는 '1/f 리듬'이라고 해서 불규칙적이면서 규칙적이고, 규칙적이면서 불규칙적인 소리, 이런 소리가 인간을 가장 편안하게 해준다고 합니다. 이게 자연이 만들어 내는 자연의 조화, 자연의 신비입니다.

어느 순간 정적의 소리도 들립니다. 정적의 소리, 들어보셨나요? 너무 고요해서 무슨 신비스런 소리가 저 숲 속 깊숙이에서, 아니면 저 하늘가에서 들리는 듯합니다. 그게 우주의 울림이라고 나는 믿고 있습니다. 그지없이 마음이 편안합니다. 이러는 순간 우주와 내가 하나가 됩니다.

물소리

이제 한 가지 소리에만 집중해보겠습니다. 산소리가 어찌 한 가지뿐이랴만 우선 제일 크게 들리는 물소리부터 귀 기울여 보십시오. 조용히 듣노라면 세월 가는 소리가 됩니다. '세월이 저렇게 흐르는구나.' 하는 생각을 하게 됩니다. 나이 탓일까요? 개울물 소리가 어째 세월 가는 소리로 들릴까요? 그렇게 들리지 않고 개울물의 즐거운 합창으로 들린다면 그건 축복입니다. 아무리 들어도 덧없이 흐르는 세월만 같다면 연륜이 제법 깊었다는 뜻입니다. 하지만 세월이 덧없이 흘러가는 게 아니라, 우리가 세월을 덧없이 흘려보내고 있는 건 아닌지 되돌아봐야겠습니다. 한참을 더 듣노라면 이 생각 저 생각 없이 차츰 소리와 내가 하나로 되는 일체감을 느낄 수 있습니다. 완전 집중이 주는 축복입니다. 그지없이 마음이 편안합니다. 흐르는 물에 모든 오염이 말끔히 씻겨 내려가고 청량한 기분이 됩니다. 맑고 고운 심성이 내 속에 메아리칩니다. 좋은 음악을 듣노라면 우리는 그 속에 빠져듭니다. 완전히 음악과 내가 하나가 되는 순간이 옵니다. 내 존재감마저 없어진 완전일체감입니다. 그래도 흐르는 물 같지는 않습니다. 아무리 좋은 음악도 사람이 만든 이상 자주 듣노라면 지겨울 수도 있습니다. 하지만 자연은 그 점에서 다릅니다. 온종일 들어도 지겹지 않는 것이 자연의 소리입니다.

개울가에 앉아

천천히 개울가로 걸음을 옮깁니다. 바위 바위마다 작고 큰 폭포를 이루며 물은 줄기차게 아래로, 아래로 흘러내려 갑니다. 왜 물은 아래로만 흐를까요? 그래서 노자도 '물은 항상 아래에 있다. 물은 도에 가깝다.'고 예찬했겠지요. 물은 언제나 자세를 낮추어 겸손함을 일컬음입니다.

하지만 물이 언제나 순하지만은 않습니다. 특히 골짝 물은 변덕스럽기 그지없습니다. 작은 비에도 그만 넘쳐 온 골짝이 그대로 폭포를 이룹니다. 갑자기 불어난 물이 마치 서서 덮치는 통에 손 쓸 새 없이 급류에 휩쓸리기도 합니다. 무서운 물입니다. 하지만 어젯밤 그렇게 온 산을 삼킬 듯 요동을 치더니 오늘 아침은 언제 그랬느냐는 듯 평소처럼 얌전합니다.

작은 폭포엔 물보라가 일지요. 떨어지는 물의 파동과 함께 기화 과정에서 생기는 엄청난 음이온이 숲 속의 피톤치드와 함께 찌든 심신을 목욕시켜줍니다. 상쾌합니다. 물에 발을 담그면 그 청량감이 온몸을 감돌아 흐릅니다. 선계仙界가 어디멘가. 한나절 세월을 잊고 앉았습니다. 산이야 어디서나 신선하고 상쾌한 기운으로 넘쳐납니다만 특히 개울가 작은 폭포 근처에선 그 신선한 기운이 몸에 젖어오는 것 같습니다.

도심의 사무실은 음이온 제로 상태입니다. 들어서는 순간 머리가 띵한 것은 업무에서 오는 스트레스라기보다 음이온이 없기 때문입니다. 컴퓨터 화면의 양이온이 그나마의 음이온을 흡수, 중화시켜 버립니다. 환기 잘 된 빌딩이라도 어찌 산속의 개울가만이야 하겠습니까.

바람

바람은 물과 달리 보이지 않습니다. 실체가 없어서일까요. 어쩐지 바람소리는 허허롭습니다. 스산한 가을바람은 물론이고 겨울에 귓전을 때리는 칼바람 소리는 무섭기까지 합니다. 온 세상을 집어삼킬 듯한 폭풍은 두고라도 바람소리가 우리 심신과 알맞게 톤을 맞추기란 쉽지 않은 것 같습니다. 다행히 숲 속 바람은 대체로 잔잔해서 산에의 운치를 한결 더해 줍니다.

그리고 따뜻한 봄바람도 일품이지만 뭐니 해도 바람의 진수는 땀 흘려 오른 정상의 시원한 바람이겠죠. 정상의 시원한 전망과 함께 바람은 속까지 확 트이게 해주는 청량제입니다. 도심에 찌든 먼지, 오염까지 온몸 세포에서 말끔히 씻어내 줍니다.

일에 쫓길 때, 삶에 지칠 때 잠시 밖으로 나와 바람을 쐬어보십시오. 뺨을 스치는 산들바람이 마치 지구의 숨결이 불어와 닿는 느낌입니다. 날리는 옷자락, 머리카락 그리고 저 높이 조용히 바람에 실려 나르는 독수리의 비상, 나부끼는 깃발, 나무도, 구름도……. 바람 없는 세상은 얼마나 멋대가리 없고 무미건조할까요?

만물이 조용히 바람에 일렁입니다. 바람은 삼라만상에 상쾌한 기운을 불어넣고 있습니다. 조용히 깊이 호흡하며 내 가슴 깊은 곳에까지 이 상쾌한 기분이 젖어들게 해보십시오. '아! 상쾌하다.' 온몸의 세포의 외침이 들립니다.

바람 부는 언덕에 가슴을 열고 서면 세상 모든 근심이 바람에 날아갑니다. 내 속 구석구석이 확 트이면서 시원한 바람이 일렁입니다. 설령 바람이 없는 날에도 조용히 걸으면 실낱같은 흐름을 느낄 수 있습니다. 여름밤 한더위에도 살며시 피부를 스치고 지나는 우주의 가느다란 숨결을 느낄 수 있습니다. 가만히 주의를 기울이면 온몸을 감싸고도는 싸늘한 듯한 밤의 기운을 느낄 수 있습니다.

웃통을 벗어보세요(다 벗는 게 좋습니다만). 피부를 스치고 지나는 바람결이 간지럽습니다. 뺨을 스치는 실낱같은 바람을 느껴보세요. 갇힌 피부가 숨을 쉬기 시작합니다. 피부로도 호흡을 한다는 사실을 아시는지요? 물에 잠겨 있노라면 가슴이 답답합니다. 피부가 호흡을 못하기 때문입니다.

도심의 문명이라는 괴물은 사람을 숨도 못 쉬게 만듭니다. 한여름에도 긴팔 셔츠에 정장, 그도 모자라 넥타이까지 조여 매니 보기에도 답답합니다. 실제로 이런 상태는 피부호흡을 방해하여 질식 상태와 다르지 않습니다. 최근 피부병이 부쩍 느는 것도 이와 무관치 않습니다. 선마을에서 풍욕을 권하는 것도 그래서입니다. 여름철 더우면 옷을 훌렁 벗어던지게 되니 절로 풍욕이 됩니다. 피부호흡을 할 기회가 많아집니다.

문제는 겨울. 추우니까 숨쉬기조차 거북할 정도로 두껍게 껴입습니다. 겨울 피부 건조증의 원인이기도 합니다. 풍욕의 진수는 겨울입니다. 밖에서 옷을 벗고 담요로 감싼 후 잠시 담요를 젖히고 찬바람을 쐬는 동작을 반복합니다. 피부호흡은 물론이고 찬 기운이 면역력 강화에도 큰 도움을 줍니다.

새벽을 여는 새들

이번엔 새벽잠을 깨운 새들의 합창을 들어보겠습니다. 산골의 적막을 깨우는 선두주자가 새들의 지저귐입니다. 시끄럽고 야단스럽지요? 새들은 동녘이 훤하기도 전, 우주가 열리는 순간부터 지저귀기 시작합니다. 그리고 어두우면 조용히 잠자리로 돌아가는, 우주의 리듬과 함께 하는 조화로운 생활을 합니다. 새들의 지저귐은 자연의 소리요 우주의 리듬 그대로입니다. 새소리와 함께 시작된 우리의 오늘 하루도 우주의 리듬을 타고 있습니다. 새소리와 함께 생명의 흐름, 조화, 화음으로 공명하고 있습니다. 새들이 넓은 산을 두고 사람이 사는 근처에 와서 우리의 하루를 깨운다는 것도 우연이 아닙니다. 다 같이 노래하고 약동하는 아침을 함께 하자는 자연의 초대요 화음이 아니고 무엇이겠습니까?

이 가지 저 가지로 잠시 쉬지 않고 펄펄 옮겨 다니며 지저귑니다. 가지를 흔들어대며 회를 치고 한판 잔치마당이 벌어졌습니다. 우는 것일까요? 서양사람 표현대로 노래하는 걸까요? 하긴 우리는 기쁠 때도 우니까 흥에 겨운 노래도 운다고 표현했는지 모르겠습니다.

자세히 보십시오. 여러 종의 작은 새들이 한데 어울린 마당입니다.

참새가 제일 많은 것도 같은데 확실치 않습니다. 새들한테 미안하지만 내가 아직 이름을 잘 모르기 때문입니다. 좀 떨어진 곳에 꾀꼬리 소리도 들립니다. 이놈 목소리는 워낙 밝고 명랑해서 아침을 일깨우는 활력제로선 일품입니다. 꾀꼬리 소리는 아무래도 여럿이 함께 듣는 것이 격이 어울립니다. 새들의 지저귐과 함께 새벽이 열리고, 함께 잠이 깬 산도, 인간도 우주의 리듬에 따라 오늘 하루 순리대로 잘 돌아갈 것 같습니다.

자연의 소리는 맹수가 아닌 이상 까마득한 옛날부터 귀에 익은 소리라 뇌를 자극하기는커녕 아주 편안하게 들리도록 훈련이 잘 되어 있습니다. 이것이 자연계와 함께 변연계의 공명이란 사실을 이젠 아시죠? 새소리가 정겨운 건 그래서입니다.

꽃을 만나다

심산유곡 깊은 숲 속에 꽃이 피고 나비가 난다는 게 신기하지 않습니까? 그리고 누가 본다고 저 바위 뒤에 이리도 아름다운 꽃이 피어 있을까요?

거목과 바위들, 만년이 흘러도 흔들리지 않고 턱 버티고 선 산. 믿음직하고 힘센 부성적인 산입니다. 그런가 하면 그 사이를 비집고 핀 꽃 그리고 하늘거리는 나비는 모성적인 부드러움의 상징입니다. 강함과 부드러움이 절묘한 조화와 균형을 이룬 게 산입니다.

산에 꽃이 없다면 얼마나 쓸쓸하고 황량할까요. 우리가 한국의 잡목림을 좋아하는 건 그래서입니다. 큰 나무 아래 온갖 나무들이 또 하나의 숲을 이룹니다. 꽃도 피고 나비도 찾아들고 새도 지저귑니다. 그리고 여긴 철 따라 독특한 고유의 아름다운 계절의 아취가 있습니다. 이보다 더 완벽한 조화는 없습니다. 건너편 잣나무길은 밑바닥이 황량합니다. 녀석들은 심술이 센지 다른 나무들과의 공생을 거절하는 아주 고약한 성미가 있습니다.

꽃 앞으로 가까이 다가서십시오. 조용히 앉아 바라보십시오. 무슨 특별한 생각을 안 해도 됩니다. 그냥 조용히 찬찬히 바라만 보십시

6장. 입산에서 하산까지

오. 순간 마음이 가라앉고 가슴 언저리엔 아름다움이 잔잔히 스며 옵니다. 잔잔한 파동이 우리의 거친 마음을 부드럽게 해줍니다. 이게 꽃의 매력입니다. 누구나 꽃 앞에 앉으면 절로 마음이 따뜻하고 내 안에 꽃이 피고 편안한 기분이 된다는 건 과학적으로도 입증이 되었습니다.

예쁜 꽃, 진한 향기 그리고 한 마리 나비. 참으로 절묘한 조화를 이루고 있습니다. 우리 뇌 속에도 잔잔한 감동의 파문이 입니다. 밝고 편안한 심포닉 모드로 되어갑니다.

말을 건네보세요. 이름이 뭐냐고 물어보세요. "이름을 몰라 미안해." 애교 있는 사과도 하고, 그리고 나도 소개를 해야겠지요. 꽃은 서로를 비교하지도 시샘도 하지 않습니다. 자기 생긴 대로 자기스럽게 피어 있습니다. 진달래는 진달래스럽게, 할미꽃은 할미꽃스럽게, 어느 꽃잎도 하나하나, 이 지구상에 오직! 이것 하나뿐입니다. 하늘은 무한의 가능성으로부터 이 꽃을 이 세상에 뽑아내 놓은 것입니다.

참, 한 가지 더 물어보세요. 너는 무슨 사연으로 철 따라 여기 이렇게 이 모습으로 피어 있느냐고? 무슨 사연이 있을까요? 글쎄요, 그냥 그렇게 필 수밖에 없는 게 자연의 섭리 아닐까요.

우주의 기운을

조용히 깊이 천천히 숨을 들이마십시오. 아랫배를 불룩이 앞으로 내밀고 한껏 마셔보십시오. 조용히 깊이 천천히 숨을 들이마십시오. 맑디맑은 우주의 기운이 온몸의 세포 하나하나에까지 스며들게 마십니다. 그리곤 도심의 온갖 오염물을 남김없이 내뱉습니다. 숨을 들이쉴 땐 맑은 공기, 피톤치트, 음이온, 향긋한 냄새, 산소만이 아닙니다. 우주에 충만한 온갖 기운도 함께 들이마십니다.

호흡은 생명의 근원이라 호흡이야말로 영적인 운동이 아닐 수 없지요. 호흡을 신성시하는 건 그만큼 생명을 신성시하는 것입니다. 맑은 호흡은 곧 맑은 생명을 의미합니다. 신성한 기운이 온몸에 넘치게 해야 생에의 활력이 넘칩니다.

숲 속에 들어선 순간, 신선한 기운을 느낍니다. 거기엔 대자연의 숨결, 대우주의 혼이 스며 있습니다. 우린 이걸 영기靈氣라 부릅니다. 신령스러운 기운이죠. 천천히, 깊이 들이마시면 우주와 하나가 됩니다.

·

6장. 입산에서 하산까지

대지의
고동을

대지에 손을 얹어보십시오. 부드러운 감촉을 느껴보세요. 흙 향기를 맡아보세요. 지구의 고동을 느껴보십시오. 귀를 기울여보세요. 창세기 태고의 고동을, 대지의 심음心音을 들어보세요. 힘이 넘칩니다. 대지는 그냥 마른 흙덩이가 아닙니다. 여기가 만물의 생명의 원천입니다. 얼어붙은 대지에도 그 속엔 온갖 씨앗들이 다가올 봄의 움틈을 준비하고 있습니다. 눈, 얼음, 찬 기운을 이겨내고 생명의 파동은 줄기차게 약동하고 있습니다.

풍요로움, 끝없는 인내와 정적, 결코 뽐내지 않는 모母적인 대지, 이제 나와 대지가 하나가 됩니다. 흙에 풀썩 앉아보세요. 그지없이 편안합니다. 이게 뇌과학의 '변연계 공명'이라는 사실, 이젠 알고 계시죠? 인류 태곳적 체험을 다시 하게 되는 감동의 순간입니다. 전두엽의 인간 고유의 고등기능과 함께 원시적이고 동물적인 하위의 변연계와 공명을 일으킬 때 비로소 감동 반응이 일어납니다. 모적인 대지와의 접촉이 우리의 원시적 감각을 일깨우기 때문입니다.

맨발로 서보십시오. 싸늘한 땅의 기운이 발을 타고 올라옵니다. 온몸이 맑고 힘찬 기운으로 넘쳐나는 걸 느낄 수 있습니다. 조용히 오른발에 체중을 실어보십시오. 호흡도 천천히 깊이 부드럽게 하면서, 발바닥에 닿는 미세한 감각을 느껴보십시오. 체중이 실린 발에 흙, 잔가지, 나뭇잎, 자갈, 모래가 느껴집니다. 은근한 압박감, 가벼운 통증, 그러나 기분이 좋습니다. 상쾌하고 사뿐한 기분입니다. 주의 집중을 위해 눈을 감아보는 것도 좋습니다. 모든 신경을 오직 오른발 발바닥 촉각에만 집중해보십시오.

이러는 순간, 아무 생각이 떠오르지 않습니다. 과거의 후회도, 미래의 불안도 없습니다. 오직 '지금 여기'에 집중되는 걸 느낄 수 있습니다. 이제 우리는 깊은 명상의 세계에 빠져들었습니다. 정신과 환자는 이미 지난 일로 고민하고 분노하고 후회합니다.

"What is done is done."

셰익스피어가 한 말입니다. 이미 끝난 일, 지금 와서 어떻게 해본들 그 사실이 바뀌진 않습니다. 그런데도 그 과거에 집착, 현재의 삶을 망치고 있는 것입니다. 또 그런가 하면 아직 닥치지도 않은 미래 일을 걱정하는 나머지 잠도 못 자고 불안해 어쩔 줄 모릅니다. 크리슈나 무르티는 "지금 이 순간이 내게 주어진 마지막인 양 살자", 임제선사도 "바로 지금이지 다시 시절은 없다."고 했습니다. 선마을 프로그램의 지금 여기를 강조하는 뜻이 이해되었으면 좋겠습니다.

대지와 내가 하나 되는 순간, 그지없이 마음이 편안합니다. 이것이 대지가 주는 또 하나의 축복입니다. 아주 천천히 제자리걸음을 해보세요. 내 속에 남은 모든 찌꺼기를 대지로 흘려보내십시오. 모든 부정적인 생각, 감정 모두 흘려내리십시오. 기억나죠? 하늘이 쩡쩡 갈라지는 번개도, 대지는 순식간에 중화시켜버립니다. 하물며 우리 인간이 갖는 작은 번민이며 고민이랴. 모두 털어 지구로 어스Earth시키십시오. 이제 우리 몸엔 맑은 정신, 고운 마음, 순수한 혼만이 남아 있습니다. 완벽한 정화淨化입니다.

작은 생명체도

이젠 더 찬찬히, 자세히 바로 내 주변을 보십시오. 저보다 큰 짐을 지고도 부지런한 개미의 움직임, 아무도 봐줄 이 없는 바위틈의 보일 듯 말 듯한 야생화, 벌레를 입에 문 새들의 경계……, 저마다의 삶을 최선을 다해 열심히 살고 있습니다.

아이오와 대학에서 한 실험입니다. 사방 30cm의 나무통에 밀 한 톨을 심었습니다. 이윽고 싹이 트고 자라 몇 톨의 열매도 달렸습니다. 연구진들은 통을 부시고 뿌리의 총 길이를 재보았습니다. 전자현미경까지 동원, 모세근까지 다 재어본 총 길이는, 놀라지 마십시오. 11,200km. 경부선 왕복 800km를 열네 번 오가는 길이입니다. 와! 자연의 위대함에 다시 한 번 큰 감동을 받습니다. 나무통 흙 속에서 싹이 튼다는 것부터 신기한 일입니다. 열매를 맺기까지 혼신의 힘을 다한 것입니다. 그 비좁고 열악한 환경에서 잔뿌리를 뻗어 흙 속의 자양분을 흡수, 이윽고 한 그루 밀로 자란 것입니다. 몇 톨 안 되지만 열매가 맺기까지 실험실의 매캐한 매연, 밤의 어둠과 차가움, 비를 맞고 바람에 흔들리며 이슬과 안개 속에 어두움과 차가움을 이겨내고 태양과 따스함을 맞으면서…… 대지와 하늘과, 그야말로 전 우주가 참여한 결실입니다. 누가 이 밀을 두고 연약하다느니 초라한 수확이라느니 나무랄 수 있으리오. 밀은 이렇게 자라 생존한 것만으로도 정녕 위대한 것입니다.

멀리 아프리카 세렝게티 생각이 또 납니다. 끝없는 평원입니다. 보기만 해도 시원하고 참으로 평화스럽지요? 하지만 거기엔 언제나 팽팽한 긴장이 감돌고 있습니다. 쫓고 쫓기고 먹고 먹히고, 살아남기 위한 필사의 노력을 하지 않으면 안 됩니다. 약육강식, 생존의 원리가 선명한 것이 아프리카 광야의 짐승 세계죠. 한가로이 하늘을 나는 새들도 눈 깜짝할 사이에 밥이 되고 맙니다. 여기서는 '어떻게 사느냐'가 아닙니다. 그냥 '산다'는 자체뿐입니다. 이 거친 들판에 지금 이 순간까지 살아 있다는 자체가 놀랍고 가치 있는 일입니다.

산다는 건 참으로 대단한 일입니다. 생명체는 '살아 있다'는 것만으로 참으로 존귀한 존재입니다. 비록 초라하지만 밀 한 톨이 여물 때까지 전 우주가 참여한 참으로 귀한 존재입니다.

난 이 이야기를 우울증 환자에게 잘 들려줍니다. 생명은 자기 것이 아닙니다. 전 우주가 참여한 존귀한 생명을 자기 마음대로 함부로 할 수 없습니다. 자살이라니? 턱도 없는 소리입니다.

그늘에 앉아

주위의 나무들을 둘러보십시오. 나무는 어느 하나 같은 게 없습니다. 장군처럼 우뚝 버티고 선 게 있는가 하면 가냘픈 허리로 꼬리를 치는 것도 있습니다. 나무에 가까이 다가서보십시오. 나무는 비탈길에도 반듯하게 서 있는 것이 신기합니다. 조용히 어루만져보십시오. 터지고 갈라진 나무껍질이 인고의 세월을 말해줍니다. 눈, 비, 태풍, 겨울 찬바람…… 그 속에 저 의연함이라니! '나무야 애썼다. 모진 세월 용케도 버텨왔구나.' 나무의 기상이 부럽습니다. 그 기상 닮고 싶지 않습니까?

 때로는 나무가 꽃보다 아름답다고 생각해 본다.

 화려하지 않지만 자기가 서야 할 자리에서 묵묵히 풍파를 견뎌내는 인고의 세월이, 향기롭지 않지만 두 팔 높이 들어 기도하며 세상을 사랑으로 껴안는 겸허함이 아름답다.

 하늘과 땅을 연결하고, 달이 걸리고, 해가 뜨는 나무는, 신만이 지을 수 있는 아름다운 시詩다.

허브나라 사색길에 걸린 장영희 교수의 〈수상록〉 한 구절입니다. 나이가 몇인지 나무에게 물어보세요. 이름은? 오늘 기분은? 그리고 나도 소개를 해야지요. 어디서 온 누구이며 오늘 왜 여기 왔는지도 나무는 궁금해하고 있답니다.

두 발을 가진 인간이라는 동물은 왜 그리도 분주하게 싸돌아다녀야 하는지, 나무가 물어올지도 모릅니다. 대답할 준비가 되어 있습니까?

조용히 어루만지며 뺨을 대보십시오. 나무를 타고 오르는 물줄기의 고동을 들어보십시오. 지금 이 순간에도 나무는 바쁩니다. 깊이, 넓게 뻗은 뿌리를 통해 수분과 자양분을 저 하늘 끝까지 뻗은 잔가지, 나뭇잎 하나에까지 올려보내야 합니다. 나무에도 맥박이 있습니다. 저 무성한 잎들에게 영양과 수분을 공급해주는 것만으로 엄청난 일입니다.

하늘 끝까지 뻗은 끝을 올려다보십시오. 그리고 땅속 깊이 뻗어 있는 뿌리를! 하늘과 땅 – 나무는 우주를 잇고 있는 지렛목입니다. 이 나무와 함께 하나가 되면 이제 나도 천지인天地人이 됩니다.

지칩니까? 피곤합니까? 그럴 때 아메리칸 인디언은 숲 속에 들어가 큰 나무를 안고 힘을 청합니다. 폭풍우에도 꺾이지 않는 힘과 설한풍을 이겨낸 인내력 그리고 영적인 충만감에 넘치는 나무의 고동과 공명할 제면 절로 힘이 생깁니다.

이제 나무에 감사할 일을 찾아보는 시간입니다. 너무 많습니다. 우리에게 그늘을 만들어주고, 바람을 일게 하고, 푸름을 가져다줍니다. 꽃이 피고 열매가 맺고, 그리고 화려한 낙엽이 되어 썩으면 내년 봄 싹이 틀 땅의 거름이 되고, 공기를 맑게 하고…… 끝이 없습니다. 그러고도 결코 생색을 내지 않습니다.

"나무야 고맙다!" 이 말이 절로 나옵니다. 나무에게도 영혼이 있다는 것을 느꼈으리라 생각됩니다.

"나무처럼 살았으면 얼마나 좋을까!" 어느 선사가 한 말입니다.

누워보세요

낙엽 위에 편안히, 큰대 자로 누워보세요. 낙엽의 포근한 감촉이 엄마 품처럼 아늑합니다. 낙엽의 속삭임이 엄마의 자장가처럼 평화롭게 들립니다.

광대무변한 하늘을 쳐다보십시오. 답답한 가슴이 활짝 열립니다. 저 하늘의 끝은 어디일까 찾아보세요. 보입니까? 그러면 그 다음은……?

철학은 하늘을 쳐다보다 생긴 건 아닐까요. 누워 하늘을 올려다보면 누구나 철학가가 되는 기분입니다. 결코 나쁘지 않은 기분입니다. 이리저리 흩어졌다 다시 모이고 한가로이 유유히 떠가는 구름! 그들의 우아한 몸짓을, 춤을, 노래를 그리고 그들의 이야기를! 그들과 함께 끝없이 먼 하늘 가로 떠나보십시오. 거기엔 시간도 공간도 없습니다. 하늘과 구름과 그리고 우리는 하나가 됩니다. 그러고는 그들의 부드럽고 푸근한 품에 안겨 어린이처럼 흥얼거려보십시오. 내 삶이 얼마나 풍요롭고 평화로운가를 느껴보십시오.

"하늘아, 고맙다!" 이 말이 절로 나오게 됩니다. 크게 한번 외쳐봐도 괜찮습니다. 그럴 제면 하늘이 응답을 합니다. 우주는 모든 걸 조화롭게 만드는 힘이 있습니다. 그러기에 지구도, 자연도, 인류도 수억

년을 면면히 이어져 오고 있습니다.

그게 우주의 질서요, 원리입니다. 우린 그걸 믿고 있습니다. 때론 심술궂을 때도 물론 있습니다. 기상이변으로 엄청난 재앙을 만들 때도 있습니다. 그것도 우주의 질서요, 순환원리입니다. 하지만 그건 잠시일 뿐, 지금의 저 푸른 하늘, 평화로운 구름을 보세요. 우주는 이렇게 '모든 게 잘 되도록 되어 있습니다.' 우리는 이 위대한 힘을 믿어야 합니다. 땅 위의 인간사人間事도 예외가 아닙니다.

독수리 한 마리가 창공에 유유히 떠 있습니다. 하늘을 믿기 때문입니다. 하늘과 하나이기에 기류를 타고 유유히 날 수 있는 것입니다. 아무리 무서운 태풍도 오래 불지 않습니다.

낙엽을 밟으며

사색길엔 낙엽이 수북이 쌓여 있습니다. 바삭바삭 낙엽 밟는 소리가 발아래 절묘한 화음을 만들어줍니다. 발목까지 잠기는 낙엽을 제쳐 밟으며 당신은 무슨 생각을 하게 됩니까? 낙엽의 일생, 나 그리고 우주의 질서. 거역할 수 없는 어떤 힘에 밀려가는 그런 기분, 아, 그래서 인생무상이라 했던가요.

천년을 그렇게 푸르청청할 것 같더니, 때가 되면 잎들은 조용히 아름다운 퇴장을 준비합니다. 힘이 넘치는 푸른 옷을 벗고 빨강, 노랑으로 갈아입기 시작합니다. 그리고 찬서리 내리고 스산한 가을바람이 불면 잎들은 아름다운 군무를 펼치며 미련 없이 떨어져 날리며 사뿐히 땅으로 내려앉습니다. 참으로 화려한 최후의 만찬 무도회를 펼칩니다. 낙엽귀근落葉歸根, 잎은 지면 뿌리로 돌아가는 것. 계절 앞엔 속절없이 져야 하는 게 잎의 숙명인걸요. 너도 가고 나도 가고, 세월의 덧없음을 실감하게 됩니다. 낙엽을 밟으면 세월은 오는 게 아니라 가는 거구나 하는 생각을 진하게 하게 됩니다.

잎들은 자기에게 주어진 운명을 거역하지 않습니다. 저항 없이, 미련 없이 아름다운 퇴장을 합니다. 떨어진 잎들은 바람 부는 대로 구르다 어느 골짜기에 모여 다정하게 소곤거립니다. 귀를 기울여 낙엽의 대화를 들어보십시오. 힘이 넘쳤던 여름을 회상하는 걸까요, 아름다운 가을을 이야기하는 걸까요? 온갖 모양, 온갖 색깔의 잎들이 다 모여 있지만 그들은 결코 시샘이나 다툼을 하는 것 같진 않습니다. 바람이 불면 또 어디론가 뿔뿔이 흩어질 다음 순간을 모르는 운명이지만 잎들은 지금 이 순간 다정한 이웃이 됩니다. 이건 우주가 그린 한 편의 아름다운 서사시입니다. 누가 이 우주의 질서를 거역할 수 있으랴. 낙엽은 우리에게 아름답게 떠나가는 걸 가르쳐 줍니다.

낙엽이 주는 교훈은 또 있습니다. '무슨 미련일까?' 앙상한 가지에 매달린 몇 잎이 아직 남아 있습니다. 때가 한참 지났는데도. 매달려 바둥거리는 색 바랜 잎들을 보노라면 보기에도 딱하고 민망스럽습니다. 자리를 비워줘야 내년 봄 새싹이 트는 건데. 꽃도 잎도 필 때 아름다워야 하지만 질 때도 마찬가집니다.

우리 사회에도 가끔 이런 위인들이 있지요? 인생이 너무 추하고 측은해보입니다. 낙엽은 언제, 어떻게 떠나야 하는가를 가르쳐줍니다.

자연 속에 나를 만나는 시간

오솔길에서 나를 만나는 시간입니다. 잊어버린 나를 찾는 시간입니다. 우리가 왜 이 깊은 산골에 들어왔을까요? 기왕이면 시원한 바닷가나 전망 좋은 탁 트인 곳으로 마을을 정할 것이지. 물론 그런 곳은 속이 시원해서 좋습니다. 하지만 그때 우리 시선은 어디로 향합니까? 멀리 떠가는 배, 수평선을 바로 보게 되지요. 심리학에선 이를 '에고 아웃Ego-out,' 자아가 밖으로 나간 상태라고 말합니다. 바닷가 사람들은 아주 개방적이고 진취적입니다. 성격도 화끈하고 마음이 열려 있습니다. 따라서 나를 돌아보는 자성自省의 기회가 없습니다. 바닷가에서 깊은 사상가, 종교가, 철학가가 잘 나오지 않는 것도 그래서입니다. 톨스토이가 만약 지중해 미녀들 사이에 태어났다면 우린 어쩌면 그를 못 만나게 됐을지도 모릅니다. 깊은 사색, 철학은 역시 산중이라야 합니다. 수도원, 사원이 산중에 있는 사연이 이해됩니다. 깊은 산골에 마을을 만든 까닭은 '나를 만나는 시간'을 갖기 위해서입니다. 숲 속에선 멀리 보이지 않기 때문에 '에고 인Ego-in'의 심리 상태가 절로 되기 때문입니다.

마음이 절로 나를 들여다보게 됩니다. 산이라야 내가 보입니다. 바쁜 일상에 쫓기다 보면 우린 거의 '나를 잊고' 살아가기 십상입니다. 지금 내가 어디로 가고 있는지, 미처 나를 돌아볼 시간이 없습니다. 아예 나를 만나기가 두려워 피하는 사람도 있습니다. 늙은 여배우가 거울을 멀리하듯 후회, 자책, 창피 이런 것들이 싫어 더욱 자기를 바쁘게 만든다는 사람도 있고 아예 술에 젖는 사람도 있습니다. 그래서 하는 말입니다. 한 번쯤 나를 돌아보고 나를 만나는 시간을 가져보자는 겁니다. 싫든 좋든 내 모습을 찬찬히 들여다보자는 겁니다. 자기 그림자도 보입니다.

세상 어디에, 누구 앞에 내놓아도 한없이 자랑스럽고 존경스런 자리에 선 여러분입니다. 그러나 또 한편, 인간인 이상 누구에게나 약점, 결점, 창피스런 일이 있습니다. 해서 우린 이를 마음속 깊이 숨겨두고 남에게 내보이려 하질 않습니다. 없는 것처럼 위장도 하기 때문에 우리 자신조차 모르고 지냅니다. 하지만 이건 대단히 위험합니다. 이걸 감추기 위해 때론 과장, 위선, 거짓말도 합니다. 하지만 마음이 편치 않습니다. 남은 속여도 나를 속일 순 없기 때문이지요. 심리학자 융은 이 비밀스런 구석을 '그림자 Shadow'라고 불렀으며, 여기에도 긍정적인 의미를 부여하고 있습니다. 그 숨겨진 부분을 확인하고 수용할 수만 있다면, 자기 이해의 바탕 위에 오히려 성장할 수 있습니다. 이것이 융의 위대한 통찰입니다.

우리는 아랫사람들에게 대체로 너그럽습니다. 그들이 잘못을 저질러도 엄하게 꾸짖은 다음 용서하고 사랑으로 감싸안습니다. 남에게 관용을 베풀듯 내 자신에게도 너그러워져야겠습니다. 자신과 화해 못하는 어두운 비밀을 가지고 있다면 지금쯤 마음이 편해졌으면 좋겠습니다.

자연의
순리

떨어진 낙엽을 모아보십시오. 낙엽을 한 줌 쥐고 부드러운 촉감을 느껴보십시오. 냄새도! 이제 머지않아 낙엽들은 썩어 다시 땅으로 돌아가겠지요. 자연의 순환 질서를 조용히 눈감고 지켜보십시오.

낙엽이 지면 뿌리로 돌아갑니다. 다시 흙으로 돌아가는 게 자연의 순리입니다. 대우주의 순환원리 앞에 인간이라고 예외가 아닙니다. 그러나 낙엽귀근은 이런 단순한 순환론은 아닙니다. 죽은 자기 몸은 오직 작은 자기일 뿐, 보다 근원적인 모母적인 자연, 우주의 일부로 회귀하는 것입니다. 거기엔 지금의 나, 소아小我는 이미 없고 보다 큰 우주적인 대아大我로 부활하는 장입니다. 흙으로 돌아가 거름이 되어 대지의 생명력에 합류, 나무를 타고 올라가 새싹을 틔우고 잎이 되어 하늘의 기운, 전 우주의 기운과 합류하여 천지조화天地造化를 이루는 장대하고 신비스런 드라마의 장에 참여하게 되는 것입니다. 우주와 하나가 되는 천지합일의 감동적인 과정입니다.

이럴 때 비로소 우리는 새로운 생명력으로 부활하며 위대한 자연의 일부로 환원되는 것입니다. 우리가 왔던 고향으로 되돌아가는 것입니다. 장례식엔 썩지 않는 나무, 돌로 된 관도 있습니다. 어느 세월

6장. 입산에서
하산까지

에 자연의 일부로 새롭게 탄생할 수 있을는지요.

자연의 순리대로라면 수목장도, 자연장도 참 좋겠단 생각을 하게 됩니다. 선마을에 오신 분들에게 우리가 노후뿐 아니라 사후까지도 책임을 지겠다고 하면, 사람들은 웃습니다. 하지만 이건 농으로 하는 소리가 아닙니다. 원하신다면 수목장을 치러드립니다. 마음에 드는 나무를 하나 고르십시오. 마음에 드는 게 없으면 제 손으로 한 그루 심는 것도 좋습니다.

"나와 오랜 세월 좋은 벗이 되자. 서로 대화도 나누고 함께 잘 지내자." 나무에 대한 애정이 한결 새로워질 겁니다. 생전에 언제 방문해도 자신들에겐 특별한 나무가 될 것입니다. 든든한 나무 등에 기대어 잠시 쉬다 가시고 그간 지내온 이야기도 좀 하십시오. 이 숲이, 이 산이 더 소중하고 다정스럽게 다가올 것입니다.

자연과 더불어

모든 삶은 정녕 신비롭고 오묘합니다. 그리고 삶은 그 자체로서 위대하고 존귀합니다. 사람만이 위대하고 존귀할 순 없습니다. 사람은 자연의 일부요 자연과 함께 공생해야 하는 존재인 것입니다. 강물 보고 절하고 바위 앞에 엎드려 소원을 비는 우리 할매. 큰 나무에 새끼줄 매여 놓고 마을의 안녕을 비는 우리 조상네를 비웃는 사람도 있습니다. 미신이다 우상숭배다, 규탄하는 사람도 있습니다. 나도 학교에서 그런 교육을 받았습니다. 하지만 요즈음 생각이 좀 달라졌습니다. 우리는 언제부터인가 서구 중심사상에 빠졌습니다. 서구학자가 말하는 게 진리이고 서구 미인이 미인입니다. 하지만 이제 우리 이야기를 할 때가 되었습니다.

자연파괴가 심각합니다. 드디어 지구가 인간과의 공생을 포기, 반발하기 시작했습니다. 근년의 기상이변은 이변이 아닌 인간이 자초한 재앙입니다. '자연은 인간을 위해 존재하며 봉사해야 하는 것, 이용·개발되어져야 한다.'는 인간 중심의 서구적 사상이 빚은 불행입니다. 과연 인간만을 위해 이 지구가, 우주가 존재하는 것일까요? 이제 와서 자연보호니 하고 수다를 떨지만 그 역시 인간 중심에서 벗어나지 못한 증거입니다. 지나친 자연파괴로 인간이 못 살게 되었으니, 이제야 보호해야겠다는 얄팍한 생각입니다. 오만방자의 극치입니다. 보호라니? 보호는 강자가 약자를 보호하는 겁니다. 한낱 미물인 인간이 어찌 이 위대한 대자연을 보호한단 말입니까. 가당치도 않은 망상입니다. 자연은 보호대상이 아닙니다. 인간도 자연의 일부로서, 함께 사는 겁니다. 자연을 정복, 지배, 관리, 이용한다는 생각에서 벗어나, 자연과 함께 산다는 생각으로 바뀌어야 합니다. 그러기 위해선 자연에의 외경심이 있어야 합니다. 우리 조상의 자연과의 평등사상이 서구인에게 구원의 길을 열어줄 수 있을 것으로 믿어봅니다. 우리 조상에겐 신과 인간과 자연은 하나였습니다. 한국화를 보십시오. 사람이라곤 지팡이에 기댄 초라한 노인입니다. 자연 앞에 한없이 겸손한 자세입니다. 집을 그려도 나무에 가려 겨우 지붕 끝만 살짝 보입니다. 자연과 하나라는 동화사상에서 비롯됩니다. 서구 미술관에 벽면 가득 사람 얼굴만 크게 그려 놓은 것과는 차원이 다릅니다.

불행히도 서구식 개발 광풍이 여기도 불어 우리의 아름다운 강산이 초토화 되어가고 있습니다. 못내 안타깝습니다. 도로는 또 왜 그렇게 많아야 하는지. 오늘도 계속입니다. 문제는 누구도 새 도로를 말릴 세력이 없다는 사실입니다. 제발 이제 그만!

정상의 야호!

정월 초하루 아침이면 동해안은 새해맞이 인파로 몸살을 앓습니다. 시끌벅적합니다. 모래사장엔 아예 음악판을 벌려 놓은 곳도 있습니다. 한심하다 못해 눈물이 날 지경입니다. 수평선에 해 뜨는 여명 앞에 서면 경건한 마음에 숨도 제대로 쉴 수 없습니다. 눈만 감으면 원시의 해변에 나 홀로 선 장엄함이 온몸에 넘칩니다. 드디어 새해가 그 아름다운 모습을 드러내는 순간, 이게 웬일입니까. 갑자기 야호! 하는 소리에 깜짝 놀랍니다. 조용한 아침의 나라에, 뜨는 해가 놀라 다시 쏙 들어가지나 않을까 걱정입니다. 숨도 쉴 수 없는 이 경건한 순간에 어떻게 야호 소리가 나올까요?

해변만이 아닙니다. 남보다 먼저 새해를 보겠다고 높은 산에 오르는 극성도 있습니다. 한겨울 깜깜 밤에 눈 속을 헤집고 산정에 올라 이윽고 해가 뜨면 약속이나 한 듯 야호! 하고 고함을 질러댑니다. 입에 손을 대고. 더욱 극성은 이 장면이 1월 1일 온종일 뉴스마다 방영이 되고 있습니다.

지난해 건강마라톤 대회에서 MBC 최 사장을 만났습니다. 내가 물었습니다.

6장. 입산에서 하산까지

"최 사장, 우리 인간에게 무슨 특권이 주어졌다고 조용히 잠든 산짐승들의 새벽단잠을 깨울 수가 있습니까? 야호! 소리에 산짐승이 놀란다는 생각을 왜 못하십니까? 제발 뉴스시간에 그 야호! 장면만은 내보내지 말아주십시오."
최 사장은 정중했습니다.
"그러네요. 스태프와 의논하여 내가 사장으로 있는 한 내보내지 않겠습니다."
지난 새해 아침. 지금은 숲의 나라 생명의 수도, 강원 도지사인 최문순, 당신은 그 약속을 지켰습니다. 고맙습니다.
산정에 오르면 야호!가 아닙니다. 절로 무릎을 꿇게 되지 않습니까.

태양의 정기를

태양을 향해 앉으세요. 나뭇가지 사이로 태양이 눈부십니다. 어둡던 숲 속도 훤히 밝아졌습니다. 우리 마음도 한결 밝아졌지요?

태양은 어둠을 거부합니다. 박두진의 시처럼 '산 너머 산 너머로 어두움을 살라먹고' 밝음, 그 자체입니다. 우리도 태양처럼 밝게, 맑게, 그렇게 살아야겠습니다.

태양은 세상의 모든 아름다움을, 찬란함을 만들어냅니다. 태양이 없다면 어떻게 그 영롱한 무지개를 하늘에 그릴 수 있을까요? 세상 모든 아름다움은 태양 없이 빚어질 수 없습니다. 나도 태양처럼 아름답게 찬란하게 빛나길. 그리고 나로 인해 온 세상이 아름다워지길!

태양은 모든 생명의 근원입니다. 엄청난 생명력으로 넘쳐납니다. 그 힘을 듬뿍 받아 활기찬 하루가 되도록 해야겠습니다. 특히 아침 해는 신선합니다. 내 심신도 저렇게 신선함으로 넘쳐나야겠습니다. 태양은 뜨겁습니다. 그리고 태양은 따뜻합니다, 그렇게 열정적으로, 따뜻한 가슴으로 이웃을 그리고 나를 만나야겠습니다.

태양보다 강한 힘은 없습니다. 태양 앞에 앉으면 온몸에 힘이, 활력이 넘칩니다. 그러면서 한없이 부드러운 게 또한 태양입니다. 우리

6장. 입산에서 하산까지

는 〈북풍과 태양의 힘겨루기〉 동화를 잘 알고 있습니다. 찬바람이 불수록 신사는 코트 깃을 더욱 단단히 접습니다. 다음 차례, 따뜻한 태양이 비치니까 신사는 자연스레 코트를 벗습니다. 부드러움이 강하다는 것을 다시 한 번 새겨야겠습니다.

온 우주의 정기를 온몸으로 듬뿍 받은 아침이 되었습니다.

하산에 즈음하여

하산下山할 시간입니다. 온몸에 산의 정기를 듬뿍 안고 우린 다시 삶의 터전으로 돌아가야 합니다. 거기엔 또 치열한 삶이 우리를 기다리고 있습니다. 전력투구해야 합니다. 그게 또한 삶의 본질이요, 우주의 질서이니까요. 다시 한 번 둘러보십시오. 설령 보기엔 평화스런 산이지만 삶은 결코 가볍지 않음을 깨닫게 됩니다. 열악한 환경에서 모두는 최선을 다해 살아가고 있습니다. 삶의 엄함이 절실히 다가옵니다. 삶이란 그래서 존귀한 것입니다.

인류가 까마득히 사바나의 원시생활에서 오늘에 이르기까지 산다는 게 그리 간단한 일은 아니었습니다. 이젠 과학 문명의 발달로 편하고 잘살게 되었지만 그 역기능 또한 만만치 않습니다. 인류는 그 전에 겪어보지 못한 전혀 새로운 시련과 도전에 직면하고 있습니다. 과학문명은 양날의 칼입니다. 환경파괴, 공해 그리고 급변한 개인의 생활습관, 없던 병이 새로 생기고, 있던 병은 급증하고, 인류 역사상 처음 겪게 되는 엄청난 시련에 직면해 있습니다. '잘 산다는 게 도대체 뭔가?'하는 궁극적인 물음 앞에 누구도 시원한 답변을 주지 못하고 있습니다.

6장. 입산에서 하산까지

자연이 다시 주목을 끌게 되는 건 이러한 시대적 긴박감, 절박감에서 오는 자연스런 반응입니다. 자연으로 돌아가자는 기치 아래 조용한 운동이 설득력을 얻고 있습니다. 교외로, 교외로 탈출하면서 도심이 텅 빈 슬럼가로 변해가는 것도 선진국의 기현상입니다. 교외가 자꾸 확장되다 보니 어느덧 도시와 도시의 경계가 없어져가고 있습니다. 이젠 우리도 서울과 경기도는 경계가 없습니다. 수원과 서울은 물론이고 천안, 대전도 멀지 않습니다. 미국엔 이미 거대도시의 탄생을 예고하고 있고 이름까지 지어 놓고 있습니다. 동해안엔 보스워시(보스턴에서 워싱턴), 서해안엔 샌샌(샌프란시스코에서 샌디에이고), 중부엔 시피츠(시카고에서 피츠버그). 우리도 멀지 않습니다. 서울에서 대전이 '서전'이라는 새로운 이름으로 등장할 날이.

이야기가 빗나갔습니다. 거대도시의 출현은 필연적으로 엄청난 인재人災를 동반하게 됩니다. 그럴수록 인간은 자연으로부터 멀어집니다. 건강만이 아닙니다. 정신적으로 불행해지기 시작합니다. 그렇다고 도시 생활을 외면하고 자연에만 묻혀 살 수도 없는 게 현실입니다.

처방이 쉽지 않습니다. 단 도심에선 치열하게 살되 가끔 자연을 찾아 '완전 휴식'을 하자는 겁니다. 일본 산림과학청의 연구에 의하면 숲 속에서의 완전한 휴식으로 지친 세포가 신선, 활성화되면 그 효과가 한 달은 간답니다. 그리고 도심에 돌아와 살면서도 숲 속의 체험을 눈감고 조용히 마음속으로 다시 상기하는 시간을 갖는 것만으로도 지친 세포에 휴식을 줄 수 있다고 합니다.

그리고 잊지 말아야 할 것은 도심에도 지천에 널린 게 자연입니다. 베란다의 꽃, 정원의 매미소리를 보고 들을 수 있고 우리의 도심 한복판에서 가로수 아래를 거닐 수 있다는 게 얼마나 큰 축복입니까. 한 정거장만 가면 크고 작은 공원이 있고 눈을 들어보면 사방에 산입니다.

문제는 우리 마음의 여유입니다. 치열하게 살되 잠시의 여유를 갖고 도심의 자연을 느끼고 음미하자는 겁니다. 치열한 만큼 휴식이 필요합니다. 삶은 균형과 조화입니다

7장

산중의 밤

산중 밤으로의 초대

산속에서의 하룻밤은 아주 특별합니다. 산은 역시 밤이어야 합니다. 밤이 되어야 산의 깊은 맛을 볼 수 있고 산의 깊은 뜻을 가늠할 수 있습니다. 낮에 바쁘게 다녀간 사람들에겐 미안한 말이지만 그야말로 수박 겉핥기만 했을 뿐입니다. 산속의 깊은 맛은 역시 밤이 되어야 진가를 드러냅니다. 밤이 되어야 비로소 산이 산스러워집니다.

퇴근 시간 도심의 교통 러시에 시달릴 저녁 무렵부터 산은 조금씩 그 태곳적 모습을 드러내 보이기 시작합니다. 앞산 그르매가 조용히 앞마당을 덮기 시작하면 서녘 하늘에 낙조가 피어오르기 시작합니다. 도심의 빌딩 사이로 갈기갈기 찢어진 낙조와는 그 차원이 다르지요. 찢어진 도심의 낙조를 바라보노라면 내 마음마저 찢어진 듯 아파옵니다. 이제 곧 불길한 징조인 듯 음산한 분위기마저 느껴집니다. 아니나 다를까, 그나마 기웃대던 낙조가 마지막 여운을 그리지 못하고 갑자기 사라집니다. 아스라한 저녁노을만큼 우리 감성을 부드럽게 해주는 것이 또 있을까요. 못내 아쉽습니다.

휘황찬란한 조명이 온 도시를 마의 소굴로 만들어버릴 기세로 켜지기 시작합니다. 시끌벅적 뒷골목 술집엔 벌써 싸움판이 벌어졌는지

경찰 사이렌 소리가 요란합니다. 모든 것이 바쁘게, 거칠게 돌아갑니다. 밤이 깊어가면 길엔 택시잡기 전쟁이 벌어지겠지요. 2차, 3차 아직 끝나지 않은 패거리도 많습니다. 새벽 1시, 2시, 누구 한 사람 죽기라도 해야 집에 갈 기색입니다. 아주 결사적이지요. 저러고도 내일 아침 출근을 무사히 할 수 있다니 기적이 아닐 수 없습니다. 폭음과 폭식, 시끌한 난장판 속에서 자욱한 담배 연기가 마치 전쟁터 포연을 방불케 합니다.

매일 밤 그런 전쟁을 치르고도 주말엔 산을 찾아가니 고맙고 대견합니다. 욕심을 낸다면 산에서 하룻밤 묵고 가면 어떨까요? 아, 지구촌에 이런 세상도 있구나, 감탄을 하게 될 것입니다. 도심의 환락가와는 너무도 다른 분위기에 놀라게 됩니다. 캠프촌 텐트도 좋고, 요즈음은 산속 펜션도 많습니다. 하룻밤 산에서 묵어 보십시오. 특별한 밤이 됩니다. 낮에 잠시 다녀간 산과는 전혀 다른 차원의 산을 만나게 됩니다.

소쩍새 우는
저녁 산골

우리 마을엔 아름다운 노을길이 있습니다. 이 길에 올라서면 백 리 밖으로 지는 아름다운 노을을 볼 수 있대서 붙여진 이름입니다.

선마을 노을길로 석양이 지면 앞산 그르매가 서늘하게 마당을 덮어 옵니다. 어스름한 장막이 깊은 골짝부터 짙게 물들어오면 마당은 무거운 침묵 속으로 빠져듭니다. 아득히 멀리 아물거리기나 하듯 별들은 아직 잠에서 깨어나지 못한 초저녁 한때, 텅 빈 하늘을 까마귀 한 마리가 까악! 하고 서녘으로 날아갑니다. 하늘 가득 메아리가 되어 저녁 적막을 깨뜨립니다. 그리곤 다시 골짝은 적막강산, 누구라 숨 쉬기도 두려운 듯 골짝은 다시 깊은 침묵의 늪으로 빠져듭니다. 이 때쯤이면 앞마당 기슭에 모닥불이 익어갑니다. 우린 여길 키바Kiva 라 부릅니다. 옛날 미국 인디언들이 모닥불 앞에 둘러앉아 마을 이야기도 나누고 또 모든 마을의 의식이나 제사도 여기서 시작됩니다. 인디언 마을엔 아름다운 설화가 많은데 대개는 이 키바를 둘러싼 이야기들입니다. 우선 어떤 일이 있어도 모닥불이 꺼져선 안 됩니다. 불이 꺼지면 마을엔 흉흉한 일이 벌어져 부족이 망한다는 끔찍한 이야기도 있습니다. 어떤 비바람 폭풍우에도 키바 불을 지키기 위해 필사적입니다. 마을을 지키는 불씨요 수호신입니다.

키바 주위로 사람이 모여들면 나는 이런 이야기로 말문을 엽니다. 사람들은 신기한 듯 듣고 있습니다. 차츰 사람들은 내 이야기에 빠져듭니다. 신비스러운 분위기가 키바에 감돕니다. 불 속에 고구마가 익어가고 빨갛게 달아 오른 저 불 속에 오늘의 근심 걱정 다 태워버려야 합니다. 그리하여 내 마음이 순수하게 정화되면 이젠 조용히 눈을 감으세요. 5분만 기다리면 세상에서 당신을 가장 그리워하는 사람의 아름다운 목소리가 들려올 것입니다. 사방을 두리번거리는 사람도 있고 믿을 수 없다는 듯 고개를 갸우뚱거리기도 합니다. 쉿! 4분 전입니다. 3분 전…… 사람들 표정이 심각해집니다. 키바 전설의 주인공이나 된 것처럼 가벼운 흥분마저 입니다. 모닥불에 익은 뺨이 발갛게 달아오르고. 1분입니다……. 잠시 뒤 소쩍새가 울기 시작합니다. 와! 조용한 탄성이 일어납니다. 그리곤 소쩍새 소리 따라 저 깊은 숲 속을 돌아다봅니다. 누구일까요? 그제야 사람들은 놀란 눈을 뜨고 나를 쳐다봅니다. 세상에 어떻게 이런 신기한 일이? 영 믿기지 않는 표정입니다. "촌장님이 산신령처럼 보입니다." 진주에서 오셨다는 목사님 말씀에 가벼운 웃음이 일었습니다.

"아니, 어떻게 소쩍새 우는 시간을 그렇게 정확히 알아맞히세요?"

"그렇게 큰소리 쳐놓고 안 울면 어떻게 하려고 그랬어요?"
"내일은 군대 간 아들 면회 가야지 생각하고 있었는데……."
사람마다 다른 목소리를 냈지만 확실한 건 산신령의 신통력을 믿는 분위기였습니다. 고백컨대 이건 신통력도 아무것도 아닙니다. 산에 사노라면 소쩍새 우는 시간쯤은 누구도 정확히 맞출 수 있습니다. 계절마다 다르긴 하지만 같은 계절엔 우는 시간이 아주 정확합니다. 여름날이면 정확히 8시 50분. 우리 산에 사는 사람에겐 이건 상식입니다. 하지만 도시 사람에겐 신기하게 들릴 수밖에 없지요. 정말 신기한 건 어떻게 딱 그 시간에 울기 시작하느냐는 것입니다. 그리고 더욱 신기한 건 우리 마을 소쩍새는 꼭 한 마리가 웁니다. 난 아직 이 골짝에서 두 마리가 우는 걸 들어본 적이 없습니다. 울어도 울어도 대답이 없으니까 저리도 절절하게 밤을 새워 울겠지요. 키바에 불이 잦아드는데도 울음은 애절하게 이어집니다.

우주의 울림

천둥이 치면 온 하늘이 불빛으로 갈라지고 우르르 꽝꽝 뇌성이 천지를 진동합니다. 벼락 맞은 땅에는 불길이 치솟습니다. 쩡쩡 온 우주가 폭발하듯 울립니다.

화산 폭발, 천지를 휩쓸어가는 태풍, 밀려오는 거센 파도……. 이 모두가 우주의 울림 현상입니다. 그런가 하면 작은 계곡에 폭포 소리가 온 골짝을 울립니다. 매미 한 마리가 온 뜰을 울립니다.

우주의 울림은 이처럼 천지가 진동하는 엄청난 것만은 아닙니다. 조용한 울림도 많습니다. 조용한 산골의 저녁하늘에 까마귀 한 마리 까악 하고 울고 갈 때 툭 하고 밤 떨어지는 소리, 바람소리, 그리고 바람에 흔들리는 잎들의 파동, 낙엽이 뒹구는 소리, 조용히 피어나는 꽃 한 송이까지 어느 것 하나 우주의 울림이 아닌 게 없습니다. 어떤 움직임도 우주의 큰 생명력의 약동 없이는 불가능합니다. 땅의 기운, 하늘의 기운, 전 우주의 기운으로 모든 생명체는 생명 활동을 하고 있습니다.

자연의 소리가 아름다운 것은 그게 바로 우주의 울림이기 때문입니다. 자연의 소리는 아무리 들어도 지겹지 않습니다. 한참 듣고 있노라면 우리도 모르게 그 소리에 빠져듭니다. 이윽고 나와 소리 사이엔 경계가 없어지고 우주의 울림과 나의 파동이 하나가 됩니다. 이걸 공명이라 부릅니다. 이러는 순간 그지없이 마음이 편안합니다. 자연과 하나 되는 순간, 우주와 하나가 되는 순간입니다. 산에는 언제 와도 이렇듯 아름답고 평화로운 자연과의 조화가 일어납니다. 잠시만 차분히 있노라면 그 울림을 들을 수 있습니다.

하지만 뭐니해도 밤만은 못합니다. 밤이 깊을수록 모든 자연의 소리가 더 영롱하고 분명해서 피부를 파고들 듯 온몸에 전율이 일어나곤 합니다.

매미소리가 시끄럽다고 한여름 창문을 닫고 산다는 극성도 있습니다. 하긴 요즈음 매미가 좀 극성이긴 합니다만. 귀뚜라미 소리가 그리워 다시 시골로 이사 간 시인 이야기를 하려는 건 아닙니다. 자연이 귀찮다면, 그리고 그 소리와 조화가 안 되고 공명이 안 된다면 그는 이미 심신에 균형을 잃은 상태입니다. 선마을에도 가끔 이런 사람들이 찾아오기에 하는 소리입니다. 개울물 소리가 시끄럽다고 숙소를 옮겨줘야 했던 적도 있었습니다.

에취! 이건 아메리칸 인디언이 무언가 난처한 일이 있을 때 웃고 넘기자고 할 때 내는 소리입니다.

산중의 달

산에 살다보니 달과 가까워진다는 게 또 하나의 축복입니다. 달이 없었다면 산골의 밤이 적적해서 마음이 메말라버릴 것도 같습니다. 산중에 달이 뜨면 그렇게 반가울 수 없습니다. 달은 은은하고 포근해서 그냥 바라만 보고 있어도 그저 마음이 편안해옵니다.

해가 진 지 한참이나 되었는데 마당에 어둠이 깔리지 않는다. 응? 하고 쳐다보니 초승달이 뜬 지가 한참이나 되었는지 동녘 산을 열 치나 올라와 있습니다. 초닷새만 되어도 달이 제법 밝아서 얇은 달그림자 이끌고 길 찾아가기에 어렵지 않습니다. 오늘 밤부터 줄잡아 열이레, 여드레까지 우리 마을은 완전 소등, 달빛으로만 살게 됩니다. 도시인들에게 잃어버린 달을 돌려주기 위해서입니다. 도시의 밤하늘엔 달이 사라진 지 오래되었습니다. 도시인의 가슴속에도 달이 잊혀진 지 한참되었습니다. 달이 떠도 쳐다볼 마음이 사라져버렸습니다. 그럴 여유도 없고, 하긴 봐야 보이지도 않습니다. 어느 것이 달인지 전등인지 구별이 안 됩니다.

도시와 달은 생리적으로 맞지 않는 것 같습니다. 도시는 아무래도 태양이 제격입니다. 번쩍이는 유리창, 아스팔트, 질주하는 차, 뜨거운 커피, 바쁘게, 치열하게……. 도시는 부성적 작열하는 태양이 제격입니다. 산골 초가지붕의 박, 창호지 문가의 난초, 좋은 작설차…… 은근하고 그윽한 산골 정서에는 아무래도 은은하고 포근한 엄마 같은 달이 제격입니다.

낮 동안 땀 흘리고 숨이 차도록 뛰고 치열하게 살더라도 밤만은 달처럼 은근하고 포근했으면 좋겠습니다. 흉악범도 달을 쳐다보면 고향집 엄마 생각을 하게 됩니다. 그 달을 쳐다보면서 한판 싸우겠다고 이를 갈 강심장은 없습니다. 달은 은근하지만, 그러나 강력한 정신 순화제입니다. 달 보기 운동이라도 벌였으면 좋겠습니다. 우리 마을엔 그냥 달만 보는 시간이 있습니다. 무슨 달이든 좋습니다. 소나무에 걸친 달은 한 편의 아름다운 동양화가 됩니다. 뒷산 반월 연못에 비친 달도 좋고 개울물에 흐르는 달빛을 보노라면 인생무상의 경지에 빠질 수도 있습니다. 나도 그런 소중한 경험을 한 적이 있습니다. 어느 여름 통도사 경봉선사를 뵈러간 밤이었습니다. 달이 하도 밝아 혼자 개울가에 무료히 앉아 있었습니다. 그때였습니다.

"처사는 무슨 생각을 하는고?"

돌아보니 산처럼 버티고 선 노선사.

"흐르는 물이 빨라서 달이 잘 보이지 않는 게 아쉽단 생각을 하고 있었습니다."

"허허. 물이 급한 건 아닐세, 급한 건 자네 마음이지."

이튿날 선사께서 아침 공양 시간에 어젯밤 개울가 처사를 찾아 글을 건네 주셨습니다.

'流水亦不急유수역불급, 急者即汝心급자즉여심.'

아! 사람들 마음이 모두 달만 같았으면! 흐르는 물속에도 달은 조용히 떠 있습니다.

달밤 산행

선마을 달이 밝으면 특별한 행사가 열립니다. 별빛광장에 모이면 먼저 달을 향해 섭니다. 달을 보면 무슨 생각이 나나요? 엄마 생각, 고향 생각, 어릴적 옛친구도 떠오르겠지요? 달을 보면 절로 마음이 부드럽고 따뜻해집니다. 달은 인류의 영원한 엄마요, 안식처입니다. 달빛에 쌓여 달빛에 안겨 있노라면 세상 근심 다 사라지고 우리는 참으로 순한 한 마리 양이 됩니다. 낮 동안의 그 치열한 경쟁심도 차분히 가라앉고 우리 마음은 한없이 순하고 부드러워집니다.

이제 자기 달그림자를 확인하세요. 평소에 착한 일, 음덕을 쌓아야 자기 달그림자가 생기는 법입니다. 달그림자가 없는 사람은 얼마나 쓸쓸하고 외로울까요? 달그림자를 다시 한번 확인해보세요. 손을 들어보세요. 흔들어보세요. 제자리걸음을 해보세요. 달그림자를 밟아보세요. 너무 세게 밟지는 마시고. 그러면 아파요. 손전등을 켜보세요. 달그림자가 지워집니다. 쓸쓸하지요? 달밤에도 숲 속은 어둑어둑합니다. 성급히 전등을 켜선 안 되겠지요. 그리고 잘 보세요. 달그림자는 말이 없습니다. 우리가 뭐라고 말을 걸든 그림자는 조용합니다. 마치 고요한 내 마음세계의 거울처럼.

이제 달밤 산행이 시작됩니다. 자기 달그림자를 밟고 걸어본 적이 있습니까? 오늘 밤은 달무리가 피었네요. 그게 뭐냐고 묻는 사람도 있습니다. 달 주위에 달보다 더 크고 둥근 원, 보이나요? 달무리가 지면 비가 온다는 이야기도 있고, 풍년이 온다고 우리 조상들은 믿었습니다. 산 중턱에 잠시 쉴 겸 숨을 고르는데, 따르던 아주머니가 감격스런 어조로 말합니다.

"박사님 머리 위에 후광이 비칩니다. 쌍계사 큰스님이 달밤에 뜰을 거닐 적이면 저렇게 후광이 비치곤 했죠."

그는 쌍계사 보살할매였습니다. 과분한 이야기였지만 기분이 나쁘진 않았습니다. 그녀가 말을 이었습니다.

"큰스님은 으스름 달밤에도 후광이 비친답니다."

바로 뒤따르던 점잖은 신사가 묻습니다.

"으스름 달밤은 어떤 달밤인가요?"

"우수 달밤을 그렇게 말하던데요."

"예? 우수 달밤은 또 뭔가요?"

주위에 가벼운 웃음이 일긴 했지만 모두들 보살할매의 설명을 기다리는 듯했습니다. 할매는 자기가 말실수나 한 것처럼 대답을 머뭇거렸습니다. 내가 거들 수밖에 없었습니다.

"달은 떴지만 비가 올 듯 얇은 구름에 가려 달이 바로 보이진 않지만 그래도 여느 밤보다 훤한, 그런 밤입니다."

나는 언젠가 은하수를 본 적이 있느냐고 물었던 게 큰 화근이 된 적이 있습니다. 은하수가 뭐냐? 그런 게 실제로 하늘에 있느냐? 나는 좀 어이가 없어 견우직녀는 아느냐고 물었습니다. 듣기는 한 모양입니다. 그들이 만나는 밤은? 오작교의 유래는? 칠석날 왜 구름이 끼는지. 그리고 까마귀 머리가 왜 벗겨지는지? 아! 분명 한국 사람인데! 내친김에 또 묻습니다.

"물동이 떨어진 버들잎 보고 물 긷는 아가씨 고개 숙이네."

왜 고개를 숙일까요? 노래는 어디선가 들어본 것 같은데, 하면서도 누구 하나 대답이 없습니다. 아! 이렇게 아름다운 한국의 정서가 우리 세대에서 끝이 나려는가. 아쉬움이 들었지만 한국적 정서가 무르익는 선마을이 있어 그나마 다행입니다.

"잎이 지면 한 해가 가고 나도 시집을 가야 한다. 어찌 부끄럽지 않으리요. 얼굴을 붉히고 고개를 숙이게 되겠지요."

이런 설명을 한국 어른들에게 덧붙여야 하니 쑥스럽기만 합니다.

산에는
불면증이 없다

숙면의 효과는 새삼 논할 일도 못됩니다. 특히 정신노동을 해야 하는 지식인에겐 '잘 잤다.'고 하는 주관적인 상쾌한 쾌면의 효과는 절대적입니다. 정신이 맑아야 업무 능률이 올라간다는 수많은 보고가 나와 있습니다. 쾌면을 위한 조건은 뭐니 해도 수면 호르몬, 멜라토닌이죠. 숙면을 유도하고 피로 회복, 항노화 기능까지…… 대단히 중요한 호르몬입니다. 이 호르몬은 기상 후 14시간에 분비되기 시작, 2시간 후엔 잠이 오는 리듬을 갖고 있습니다. 이 호르몬은 세로토닌을 원료로 해서 만들어지기 때문에 자기 전 가벼운 체조나 워킹, 목욕 등으로 세로토닌 분비를 촉진시켜야 합니다.

무엇보다 안전하고 효과적인 치료제는 산입니다. 산이 세로토닌의 보고란 말을 새삼 할 필요는 없을 것 같습니다. 그리고 수면 호르몬 멜라토닌이 세로토닌을 원료로 해서 만들어지는 것이라면 산은 또 멜라토닌의 보고이기도 합니다. 그래서 산에 오면 잠이 잘 올 수밖에 없습니다. 산이야말로 불면증 자연 치유센터입니다.

선마을에 온 불면증 손님에게 첫날밤은 수면제를 반으로, 그리고 다음날은 아주 끊어보라고 권합니다. 심한 습관성이 있는 경우를 제외

하곤 대체로 잘 잤다고들 스스로 놀라워합니다. 산에 오면 양질의 수면을 위한 모든 조건이 완벽하게 갖추어져 있습니다.

텐트나 캠프 등 야영생활에 잠자리가 불편하긴 하지만 잠은 잘 오는 게 신기합니다. 이건 세로토닌 효과만은 아닙니다. 산에 오면 아무래도 활동량이 많을 수밖에 없습니다. 산에선 눕기만 하면 코를 골게 됩니다. 하지만 잠은 공짜로 오는 게 아니죠. 오늘 하루 열심히 최선을 다해 심신이 지치도록 달려온 사람만이 누릴 수 있는 축복입니다. 완전 연소, 더 이상 한 걸음 더 뛸 여력 없이 완전 소진되었으니 잠이 올 수밖에. 산이 높아야 골이 깊은 법. 활동과 수면의 폭이 커야 잠이 잘 옵니다. 하루를 빈둥거리며 그렇게 지낸 사람과는 이 점에서 다릅니다. 활동 상태의 산이나 수면 상태의 골이 거의 평탄하다면 잠이 쉬이 들지 않습니다.

산에서처럼 생활 리듬의 고저가 클수록 건강한 사람입니다. 잠이 안 온다고 불평 말고 내 하루 생활을 되돌아보십시오. 그리고 산에도 자주 가고. 산보다 이상적인 수면제는 없습니다.

잠이야 안 오면
축복이지

놀랍게도 산에 오면 잠이 안 온다는 사람들이 더러 있습니다. 너무 좋아 잠자기가 아깝다는 애교파도 더러는 있지만 잠자리가 바뀌니까 안 온다는 예민한 사람도 있습니다. 그러나 정말 문제는 몸은 왔는데 마음이 아직 사무실에서 바쁜 사람들입니다. 이런 사람들은 눈만 보아도 압니다. 대화도 건성이고 산에 와도 산이 보이지 않는 사람들입니다.

우리 산에는 일체의 통신시설이 없습니다. 휴대폰도 안 터지고 텔레비전이나 라디오, 인터넷, 신문 아무것도 없습니다. 처음 얼마는 답답해하던 사람들도 조금 지나면 아이구, 마음 편해 좋다고들 합니다. 딱 하나 예외가 있습니다. 정 급한 사람들을 위해 인터넷이 열려 있는 비즈니스 룸이 있습니다. 그러나 문에는 스트레스 지역 Stress Zone이라는 붉은 글씨가 위협하듯 붙어 있습니다. 하지만 마음이 아직 사무실에 있는 사람들은 아랑곳하지 않고 그 방을 들락거립니다. 자정이 한참 지났는데도. 잠이 올 리가 없지요.

이런 근면족이 아니래도 도시인들은 대체로 만성 스트레스, 만성 교감신경 흥분 상태에 있습니다. 그것이 또 잠을 쫓는 요인이 됩니다.

이곳 경험으로는 대개 하루는 지나야 교감흥분이 가라앉고 휴식, 릴렉스 모드인 부교감으로의 교체가 일어납니다. 그때까지는 뒤척거리기만 할 뿐 잠이 안 옵니다.

다음으로 수면제, 알코올에 의존하다시피한, "이걸 안 먹으면 잠이 안 오는데……." 하는 예기불안파도 적지 않습니다.

어느 쪽이든 내 처방은 한결같습니다. 안 오면 어때? 이 좋은 밤을 밖에 두고 어떻게 잘 생각을 합니까? 그냥 새워보세요. 시냇물 소리, 바람 소리, 신선한 우주의 기운까지 마음껏 들이키며 깨어 있어야 합니다. 길어야 이틀은 여기서 지내는 빡빡한 스케줄. 잠을 자기엔 너무 아깝지 않습니까? 잠 못 자서 죽었다는 보고는 없습니다. 꼬박 밤샘할 작정으로 창밖에 깊어가는 밤을 지켜보십시오. 천상천하 유아독존의 경지를 터득할 수 있습니다.

신기하게도 막상 밤샘할 각오를 하고 나니 어느샌가 잠이 스르륵 와서 아주 기분 좋은 숙면을 했다고들 좋아합니다.

잠자리 들면
감사의 기도가

잠자리에 누우면 오늘 하루를 무사히 마치게 해준 내 몸에 감사가 절로 나옵니다. 산에서 지낸 피로는 참으로 상쾌하고 쾌적합니다. 도심 사무실의 정신적 스트레스로 인한 불쾌한 피로와는 차원이 다릅니다. 산에서는 순간순간이 상쾌합니다. 그런 하루를 끝내고 잠자리에 들면 온몸이 기분 좋게 나른해옵니다. 어딘가 깊은 심연에 빠져들듯 느긋하고 편안합니다. 무엇보다 오늘 하루 무사히 산을 오르내리게 해준 모든 게 고맙습니다. 아침에 일어나 한 새벽기도처럼 잘 움직여준 내 몸에 절로 감사 인사가 흘러나옵니다. 시원찮은 허리와 무릎관절에도 특히 감사드립니다. 무사히 하루를 마치고 지금 이렇게 편안히 누워 있게 해준 내 몸. 그지없이 고맙습니다. 오늘 하루 내가 만난 사람에게도 감사하단 인사를 합니다.

이상하죠? 산에서 만난 사람들은 하나같이 착하고 마음씨 고운 사람들입니다. 오늘 하루 산에서 만난 사람들을 하나하나 떠올려봅니다. 다 생각이 나진 않지만 모두들 친절하고 따뜻이 나를 대해 주었습니다. 감사합니다. 나도 몰래 빙그레 웃음을 짓게 됩니다. 행복한 사람들을 만난 즐거운 여운이 아직도 내 뇌리에 그대로 남아 있습니다. 뇌는 온통 밝은 심포닉 모드로 젖어듭니다. 한없이 너그러워지는 내 자신을 발견하게 됩니다. 도심에서 지나쳐 만난 차가운 사람들과는 아주 기분이 다릅니다. 도심에선 왜 작은 일에도 아웅다웅, 신경을 곤두세우고 다투게 될까요. 같은 사람들인데 산에 오면 나 자신을 포함해서 아주 딴사람으로 되는 것 같습니다. 세상 사람들이 모두 산에서 만난 사람처럼 넉넉하고 여유로워지면 얼마나 이 세상이 살기가 편할까요.

우리 국회도 산속에 있었으면 하는 생각을 할 때가 많습니다. 국회가 본래 다투는 곳이긴 하지만 어디까지나 합리적이고 논리적인 토론과 담론의 장이어야 합니다. 물리적 대항, 때론 폭력까지 난무하는 장이어선 안 될 일이지요. 이건 민주주의의 기본 중 기본입니다. '다수의 횡포'는 막아야 한다는 명분으로 폭력이 정당화되거나 용납이 되어선 안 됩니다. 억울하지만 다수결에 맡겨야 합니다. 다음 선거까지 참고 기다릴 수밖에 없습니다. 국회가 산에 있었으면 좀더 너그럽고 합리적인 토론이 될 수 있을 텐데, 산에 가본 사람이라면 누구나 할 수 있는 생각입니다. 산에선 도심의 그 짜증난 얼굴까지 용서되고 너그러히 봐줄 수 있는 여유가 생깁니다. 싫은 사람, 괘씸한 사람, 용서하기 힘든 사람에게도 '감사하다.'는 소리가 나옵니다.

처음엔 좀 어색하고 낯설게 들리겠지만 자꾸 하노라니 그지없이 마음이 편안해집니다. 참으로 신기하단 생각이 드는걸요. 이를 갈아대서야 잠이 올 리가 없지요. 낮에 있었던 그 괘씸한 녀석 얼굴이 자꾸 떠오릅니다. 주먹이 떨립니다. 이렇듯 교감신경이 자극되어 온몸이 공격 상태로 되는데 잠이라니! 어쨌거나 내가 크게 다친 데 없고 그만큼해서 끝났으니 고마운 일 아니냐. 일이 잘못되려면 끔찍한 변을 당할 수도 있는데 그만하고 끝났으니 그에게도 정녕 고마운 마음이 들기도 합니다. '고맙습니다.' 참 좋은 습관입니다. 잠도 잘 옵니다.

창조적 아이디어가
홀연히

얼른 보기엔 무료한 시간을 보내는 것 같기도 한 것이 산에서의 생활입니다. 하지만 그렇게 느리고 풀린 상태에서 상상도 못 했던 큰 선물이 떨어질 수 있습니다.

우리는 누구나 오래 풀리지 않는 숙제 한두 개쯤 저 뇌리 깊숙이 묻어두고 있지 않나요? 도저히 풀리지 않아 무의식 깊이 묻어둔 숙제가 산에서 지내는 어느 순간 확 풀릴 때가 있습니다. 기막힌 아이디어가 섬광처럼 솟아오른 것입니다. 뇌과학에서는 이를 섬광Flash이라고 부릅니다. 아무것도 않는 그 무위無爲의 순간에 어쩌면 이런 기막힌 아이디어가 떠오를까요? 도심 사무실에서 그렇게 애써 풀리던 숙제가 어쩌면 이런 순간에 풀릴까요? 본인으로서는 이상한 일이겠지만 뇌과학적으로는 분명한 이론적 근거가 있습니다.

우선 도심 사무실을 떠났다는 사실, 일에 매이지 않고 자유로운 상태 그리고 산에서는 5감 아니 영감까지 열린 상태입니다. 풀리지 않은 숙제에 매달려 있노라면 계속 같은 뇌 회로만 맴돌고 있으니 새로운 아이디어가 떠오를 수가 없습니다. 산에서는 뇌 회로가 완전히 바뀝니다. 사무실에서의 기계적이고 똑같은 회로가 아닌 전혀 다른 회로가 작동하게 됩니다.

이상하게도 창조적 아이디어는 맑은 정신이 아니고 조금은 멍청한 상태에서 잘 떠오릅니다. 적당히 바쁜 일과, 멍하니 떠가는 구름을 바라보는 순간, 적당히 취해 흐느적거리고 돌아오는 귀갓길, 아니면 잠이 들 무렵의 멍청한 순간 불현듯 떠오르는 것이 아이디어입니다. 그렇다고 이것이 누구에게나 그냥 떠오르진 않습니다. 생각하고, 고민하고, 문제를 안고 끙끙거리며, 그래도 생각의 끈을 놓지 않고 골똘히 사색을 하는…… 그런 사람에게 어느 순간 찾아오는 축복입니다. 이것이 잠재의식의 특성입니다. 많은 아이디어들이 잠재의식의 용광로에서 편집, 요약되어 현실감각이 무뎌진 멍청한 틈을 뚫고 올라옵니다. 누구의 간섭도 압력도 받지 않고 자유로운 생각을 천천히 할 수 있는 나만의 시간이 그래서 소중한 것입니다.

산과의 교감이

이 나이에도 세속적인 욕심이 내 머리 한구석을 차지하고 있습니다. 창피합니다. 나이가 몇인데…… 부끄러운 생각이 들긴 하지만 좀처럼 가시지 않습니다. 젊은 날의 허황한 욕심은 이젠 많이 가셨지만 그래도 욕심의 잔재는 아직 숨을 할딱이고 있지요. 그런 내 자신이 역겨울 때가 있습니다.

한데 신기하게도 산에서는 아주 사람이 달라지는 느낌이 들곤 합니다. 마음이 맑고 깨끗해집니다. 겸손하고 따뜻해지기까지 합니다. 욕심이 발동해도 사사로운 사욕이 아니고 인류를 위해 뭔가를 해야겠다는 아름답고 원대한 꿈이 생기지요. 참으로 맑고 깨끗한 욕심입니다. 그래서일까요, 산에서 지내는 밤, 잠자리를 청할 때면 그 어느 때보다 편안한 마음, 편안한 얼굴이 됩니다. 그럴 때면 내 아름다운 꿈은 천사의 날개를 달고 하늘로 날아갑니다. 날이 갈수록 이런 기분이 더 뚜렷해지곤 합니다.

"온 인류를 병원에 안 가도 되는 사람으로."

처음엔 내 자신도 긴가민가했지만 이젠 내 머릿속에 확실한 신념으로 자리잡혀 가고 있습니다. 무엇이 나를 이렇게 만들고 있을까? 내 머릿속에 어떤 일이 벌어지고 있을까를 생각해보았습니다.

무엇보다 산에서 살아온 음덕이라는 생각입니다. 내가 사는 산 생활이 수도생활이랄 것까진 없지만 산에 사노라면 정신이, 영혼이 맑아오는 걸 느낄 수 있습니다. 물리적으론 세속적인 것과 떠나 있으니 세속적인 욕심이 발동할 여지가 줄어듭니다. 견물생심, 보면 욕심이 날 텐데. 산은 맑고 높습니다. 맑은 욕심이 산처럼 높아갑니다. 하지만 그 높은 곳에까지 오를 수 있을 것 같진 않습니다.

그래도 후회는 없을 것 같습니다. 내 모든 걸 바쳐 최선을 다했으니.

가을밤의 향연

내가 거처하는 움막은 우리 마을 제일 위쪽 떨어진 숲 속에 숨어 있습니다. 늘어진 가지가 창을 두드리면서 잠이 깹니다. 베란다엔 수북이 쌓인 낙엽들이 주인 없는 방을 지키고 있습니다. 귀뚜라미의 합창이 게으른 주인을 맞이합니다. 창가에 붙은 나비 몇 마리도 날개를 퍼득이며 인사를 건네는 모양입니다.

아! 참으로 조용하고 아늑한 산중의 가을밤입니다. 행여 이 적막을 깨랴 몸 하나 놀리기조차 두렵습니다. 숨을 죽여 조용히 자리에 눕습니다. 천장에 열린 창으로 하늘에 구름이 흐르고, 달이 지나고 별이 빛납니다. 한껏 자란 도토리나무가 창 한쪽을 차지하곤 뭐라 수군대며 조용히 흔들리고 있습니다. 너무 아까워, 이 순간의 아늑한 행복을 두고 차마 잠이 들 수가 없습니다.

겨우 눈을 감으면 이번엔 뒷산 밤이 익어터지는 소리에 또 잠이 깹니다. 똑. 단풍 잎 떨어지는 소리. 낙엽 뒹구는 소리에도 잠이 깨곤 합니다. 숲 속에 사노라면 특히 가을밤엔 무척 귀가 밝아옵니다.

저 하늘 높이 나는 철새들의 날갯짓 소리까지 들려 소스라치게 잠이 깰 때가 있습니다. 늦게 뜬 달이 동쪽 창을 두드리는 바람에 겨우 든 잠이 또 깹니다. 무서리 내리는 소리, 저 아래 개울물도 밤이 깊어 온통 산이 조용해지니까 그제야 졸졸 소리를 냅니다. 쉼 없이 흐르는 물소리에 세월 가는 소리도 들립니다. 귀뚜라미 소리도 잦아들었는데 산짐승도 잠이 안 오는지 서걱대는 억새 숲 속을 부석댑니다. 가을밤은 이 작은 소리들의 향연으로 조용히 깊어갈 뿐 잠이 없습니다. 어느덧 새벽이 오려는지 조용히 바람이 일고 우수수 낙엽 지는 소리가 스산합니다. 이 순간순간의 절절함이 가슴 깊이 파고듭니다. 내 귀도 그리고 혼까지 맑고 밝아옵니다.

자연의
리듬에 따라

선마을은 모든 것이 느긋하고 느슨합니다. 딱딱한 규정이나 규칙 같은 것은 없습니다. 그렇다고 마냥 늘어진 생활 또한 아닙니다. 자연의 질서에 따라 자연스럽게 살아갑니다. 겨울은 겨울스럽게, 여름은 여름스럽게. 계절을 거스르는 일이 없지요. 그러고 보면 자연의 질서는 엄격합니다. 마을의 새벽은 이릅니다. 계절에 따라 다르긴 하지만 첫닭이 우는 5시 반이면 기상, 유루트 아침 체조 6시, 그러고는 산행을 시작합니다. 일찍 일어났으니 점심 후 누워서 하는 와식 명상 시간엔 잠시 눈을 부칠 수 있습니다. 문제는 밤입니다. 누우면 곧바로 잠이 옵니다. 하지만 차마 아까워 잠이 들지 않습니다. 그래도 우린 11시 전에는 자도록 권합니다.

인간에게 대단히 중요한 성장 호르몬은 밤 10시~새벽 2시 사이에 분비됩니다. 잘 자는 아이가 잘 큽니다. 해서 성장호르몬이라 부릅니다. 이 호르몬은 성장 외에도 중요한 기능이 많습니다. 낮에 한 공부의 단기 기억을 장기 기억으로 전환하는 데 절대적으로 필요합니다. 밤 늦게까지 공부하면 공부한 기분은 나지만 머리에 남는 게 없습니다. 능률도 새벽에 하는 공부의 반도 안 됩니다. 특히 당일치기를 해야 하는 게으른 수재들에게 당부하고 싶습니다.

"일찍 자고 새벽 일찍 공부한다."

우선 시간 압박으로 머리가 빨리 돌아갑니다. 새벽엔 여러 가지 활동호르몬이 분비되어 효율이 높아집니다. 어젯밤에 한 공부보다 기억이 잘 됩니다. 기억은 시간이 흐를수록 잘 잊어버리기 때문입니다. 성장호르몬의 중요한 기능 하나는 강력한 지방분해 효소입니다. 지방은 일단 분해되어야 연소가 잘 됩니다. 자는 동안에 다이어트가 진행되는 건 이 호르몬 덕분입니다. 실제로 자기 전후 체중을 달아보면 거의 1kg 정도가 줄어 있음을 알 수 있습니다. 근육단련 운동 시에도 성장호르몬이 분비됩니다. 다이어트는 위장보다 근육으로 해야 한다는 뜻이 이해되었을 것입니다. 늦게 자면 술에 푸짐한 안주, 아니면 TV 앞 주전부리를 하게 됩니다. 복부비만의 지름길입니다. 밤샘하고 나온 사람의 얼굴을 보세요. 시커멓게 타들어갑니다. 건조한 피부에 여드름까지, 사람이 하룻밤 사이 팍 늙어버린 것 같습니다. 예민한 여자들은 생리Mens에도 이상이 옵니다. 그 주범이 성장호르몬입니다.

이 호르몬은 피부나 피하지방대사와 밀접한 관련이 있어서 이게 부족하면 여러 가지 피부 트러블이 생깁니다. 잘 자는 사람이 미인이란 말도 여기서 비롯됩니다. 콜라겐 대사와도 밀접한 연관이 있어서 늦게 자면 주름이 지고 기미가 끼는 등 노화 현상이 가속화됩니다. 한국 성인의 68%가 자정까지 잠자리에 들어 있지 않습니다. 이것만 으로도 건강에, 미용에 적신호입니다. 자연의 규칙적인 리듬에 따라야 하는 이유가 분명해졌습니다.

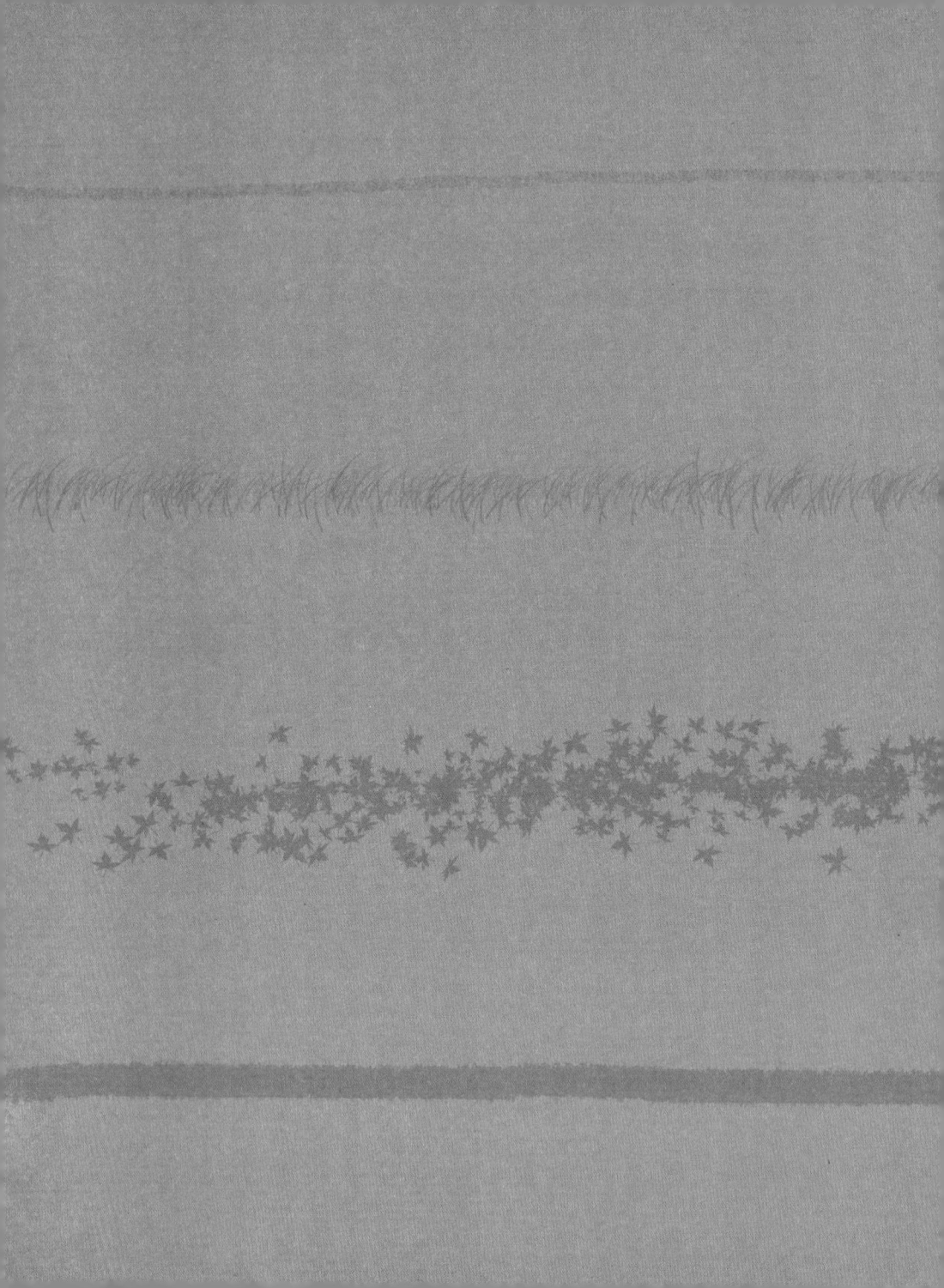

8장

한강의 기적은 산에서

정상에 섰다

여기는 정상! 알피니스트가 무전기로 이 말을 할 때만큼 감격스런 순간이 있을까요? 이 순간을 위해 죽음을 무릅쓰고 여기까지 오지 않았던가요. 정상을 향하는 알피니스트의 힘겨운 발자국 하나하나를 바라보노라면 한국의 지난날이 눈에 아련합니다.

정말 힘들게 올랐습니다. 남들이 300년 걸려 올랐다는 산업화 정상을 불과 40년 만에 이룩했으니 그 감회 오죽하랴. GNP 2만 3천 달러, 세계 10위권에 성큼 올라선 것입니다.

문제는, 경제는 정상인데 우리 마음이 아직 바닥입니다. 우린 지금도 더 올라가야 한다고 생각합니다. 누구도 이만하면 됐단 소리를 하지 않습니다. 계속 더 올라야 한다는 등산 심리에 쫓기니 아등바등, 도대체 여유가 없습니다. 발아래 핀 꽃 한 송이에도 눈길 한 번 줄 여유가 없습니다. 정부에서도 이젠 4만 불 고지를 향해 돌격 앞으로입니다.

하지만 여보게들! 우린 이제 정상에 섰습니다. 여긴 정상입니다. 정상에 올라서면 당장 호흡이 달라집니다. 후유~ 무거운 짐도 내려놓고 저 멀리, 발아래 경치도 바라보면서 도시락도 즐겨 먹고 이웃과

정담도 나누고, 우린 그럴 자격이 있습니다. 5천 년, 그 지겨운 가난의 세월을 뒤로 하고 우리에게 주어진 이 축복의 시간을 고맙게, 그리고 즐겨야 합니다.

더 높이? 반대할 명분은 내게도 없습니다. 다만 지금까지 방법으로는 안 되겠다는 것. 다리가 내려앉고 백화점이 무너지는 원시적 사고가 더 이상 일어나선 안 된다는 것입니다.

이제 우린 세계 정상, 온 세계 사람들이 우리를 쳐다보고 있습니다. 더 높이, 더 멀리 가는 것도 좋지만 이젠 차분하게 합리적으로 가야 합니다. 억지나 무리는 안 됩니다. 등산길이 어찌 수월할 수야 있겠습니까만 그래도 이젠 여유 있게 품격을 지켜 올라야 합니다. 아등바등 시대는 지났습니다. 우린 지금 세계 정상에 섰다는 확실한 의식을 가져야 합니다.

한국을 배우기 위해 모여든 외국인이 130만 명, 후발 국가만이 아닙니다. 선진국에서도 한국의 기적 같은 발전의 비결이 무엇인가를 배우러 찾아옵니다. 이제 우린 세계를 이끌고 갈 리더라는 사실을 다시 한 번 인식해야겠습니다.

산이 주는
축복

얼마 전 사우디에서 병원 관계 유력 인사가 찾아왔습니다. 한국에서 병원을 통째로 수입하겠다는 겁니다. 건설에서 시설, 스태프까지. 우리로선 놓칠 수 없는 큰 손이었습니다. 내가 안내를 맡게 되었습니다. 그 바쁜 일정 다 젖혀두고 꼬박 3일, 그를 수행해야 했습니다. 당시 내 기분을 그대로 이야기한다면 조금 자존심이 상했습니다. 내가 무슨 장사꾼도 아닌데 왜 이래야 하나 싶었습니다.

'이게 오일 달러의 힘인가. 세상 참 공평치 않구나. 왜 우리나라에는 기름 한 방울 안 나지?'

속으로 이렇게 투덜대고 있는데 문제는 북한산 식당에서였습니다. 발아래 산들을 창문으로 한참 내려다보더니

"이런 젠장, 하느님이 왜 이리 불공평하지. 한국엔 이렇게 아름답고 많은 산을 사우디에도 하나쯤 줄 것이지."

"이 양반이 사돈 남말 하네."

내가 온종일 불공평하다고 투덜댔는데……. 그러고 보니 세상은 참 공평하단 생각을 하게 되었습니다. 이렇게 아름다운 금수강산에 기름까지 묻어 놓았다면 이거야말로 불공평한 일 아닙니까. 중동 사

막지대에 기름이라도 묻어 두어야 공평한 일 아닙니까. 그러고 보니 세계지도를 훑어보면 자연경관이 수려한 곳엔 기름이 안 납니다. 미국은 워낙 땅덩이가 크니까 기름이 나긴 하지만 사막지대 아니면 늪지대에서 납니다.

 하늘은 공평합니다. 아니, 한국을 편애하는 게 아닌가 하는 생각마저 듭니다. 하늘은 우리에게 참으로 많은 걸 주었습니다. 수려한 강산, 좋은 머리, 재주, 근면, 끈기, 낙천성, 도전성, 진취성, 거기에 경제, 기술, 하이테크까지 우린 모든 걸 다 갖추었습니다. 우린 세계정상에 섰습니다. 문제는 아직도 우리 국민이 이걸 인식 못하고 있다는 사실입니다.

이제 우린 세계를 두루 넓게 보고 큰 판을 짜야 하는 시대를 맞이했습니다. 더 이상 우물 안 개구리가 아닙니다. 우리끼리 오순도순 지내던 시대는 지났습니다. 문을 활짝 열어야 합니다. 그리고 세계 사태에 책임을 질 각오가 돼 있어야 합니다. 지금도 FTA 반대세력은 만만치 않습니다. 손해 보는 구석이 있다는 계산에서겠지만 큰 틀에선 열어야 합니다. 문을 닫고 잘되는 나라는 역사에 없습니다. 1850년대 일본은 서구문물에 문을 열고 우리는 대원군의 쇄국정책을 펼쳤습니다. 이것이 오늘날 대일무역 적자 300억 달러를 만든 분수령이 되었습니다. 북한을 보십시오. 국가의 폐쇄성이 얼마나 심각한 문제를 야기시키는지.

우린 정상에 섰습니다. 정상에 올라서면 호연지기만인가요. 멀리 보는 안목이 생깁니다. 아메리카 인디언은 아이의 나이에 따라 적당한 높이의 산정에서 며칠 밤을 묵게 합니다. 이를 '퀘스트'라고 하는데 특히 사내아이들에겐 빼놓을 수 없는 중요한 통과의례 수업입니다. 대학 때 팔공산 정상에서 내려다본 대구 시가는 왜 그리 작고 초라하던지, 저 속에서 무얼 하겠다고 아웅다웅 아귀다툼을 해야 했는지 내 자신이 한없이 부끄러워지곤 했던 기억이 지금도 아련합니다. 한국엔 지천에 널린 게 산입니다. 산이 있다는 게 얼마나 큰 축복입니까. 우리가 경제 정상에 설 수 있었던 그 바탕에는 한국의 산이 정신적 지주로 자리하고 있다는 게 내 생각입니다.

이젠
하산할 준비도

정상에서의 환희는 길지 않습니다. 그게 산행의 속성입니다. 올라왔으면 내려가야 하는 게 또한 세상의 이치입니다. 고공 행진은 벌써 마감, 우린 지금 저성장시대로 접어들고 있습니다. 그리고 문외한 눈에도 세계경제도, 우리 경제상황도 심상치 않습니다.

나는 우리 정치 지도자들에게 산행을 권하고 싶습니다. 오르면 내려가야 한다는 이 단순·명쾌한 논리를 몸으로 체험했으면 합니다. 산이 웃습니다. 등산만 있고 하산이 없는 산행은 없습니다.

"우린 이제 내려갈 준비를 해야 합니다. 우리 당은 화려한 공약을 할 순 없습니다."

산을 오르면 이런 말이 절로 나오게 됩니다. 겸허하고 현실성 있는 공약에 국민은 귀를 기울일 것입니다. 산 같은 사람으로 신뢰를 받을 것입니다.

사실 산은 하산할 때가 더 위험합니다. 사고도 그때 일어납니다. 서둘거나 뛰어내리다간 자칫 큰 사고가 일어날 수도 있습니다. 조심스럽게 우아한 하산을 해야 합니다. 하산이라고 반드시 부정적인 이미지를 떠올릴 필요는 없습니다.

세계 역사를 보면 전성기보다 하산할 즈음의 성숙기에 문화가 탄생합니다. 세계를 정복한 로마, 오스트리아, 오스만 터키, 이들의 전성시대는 전쟁과 약탈, 영토 확장에만 눈이 팔려 야만일색이었습니다. 그러다 전성기가 지나 안정기가 도래하고, 그리고 쇠퇴기에 접어들면서 문화가 꽃피기 시작합니다. '하산을 잘해야겠구나.' 이 나라의 화려한 유물들을 돌아보면서, 그리고 대조적으로 오늘날 이들 나라 국민들의 쇠락한 생활을 보면서 이런 생각이 더 절실해집니다. 우리 한국도 경제적으로 정상에 섰습니다. 하지만 문화적 성숙도에서 아직도 선진국과는 엄청난 격차가 있습니다. 이웃 일본과도 비교가 안 됩니다. 이 점 우리는 솔직히 인정해야 합니다.

바야흐로 세계는 미증유의 시대를 맞고 있습니다. EU도 미국도 경제적으로 흔들리고 있습니다. 우리라고 언제까지나 정상의 환희에 들떠 있을 순 없습니다. 올라온 길만큼 하산길도 만만치 않습니다. 앞으로의 우리 시대가 요구하는 지도자는 어쩌면 등산이 아니고 하산길을 잘 끌고 가야 할 인물이어야 한다는 게 내 생각입니다. 오를 땐 정상을 향한 희망이 있지만 하산길은 언제나 서운하고 아쉽습니다. 사기 면에서도 오를 때와는 전연 다릅니다. 누군들 하산을 좋아하겠습니까. 하지만 우린 지금 그 시점에 서 있다는 냉엄한 사실을 직시할 수 있어야 합니다.

하산의 의미

하산이라니까 사람들 마음이 어두워집니다. 정상을 뒤로 하고 내려오는 것이 아쉬울 것입니다. 사람들은 '아래'를 좋아하지 않습니다. 하산하면 하류下流, 하품下品, 하등下等, 하층下層…… 온통 나쁜 것만 떠오릅니다. 하지만 다시 한 번 말하지만 하산이라고 반드시 부정적 이미지만 떠올릴 건 없습니다.

하산을 우아하고 멋있게 해야겠습니다. 하산에도 희망적, 긍정적 의미를 읽어낼 수 있어야 합니다. 태양도 아침에 뜨면 정오의 열정을 태우곤 서서히 서녘 하늘로 기울어갑니다. 이윽고 낙조, 너무도 아름답고 장엄합니다. 지는 해는 내일 아침 신선한 태양을 잉태하고 있습니다.

마야문명의 태양신 숭배의식은 참으로 장엄했습니다. 마을 장병들이 투기시합을 벌리고 이긴 팀 주장이 태양신전을 향해 승리의 개선행진을 합니다. 양쪽으로 늘어선 시민들의 열렬한 환호를 받으며 태양신을 향해 나아갑니다. 그리곤 알몸으로 신전 앞에 서면 사제가 펄펄 끓는 젊은 심장을 끄집어내 태양신에게 바칩니다. 그래야 오늘 하루 지친 태양이 내일 아침 젊은 심장의 고동으로, 새로운 태양으로 떠오르는 것입니다. 장렬한 희생입니다. 이 젊은이가 없었다면 지구는 내일 태양 없는 아침이 오고 영영 암흑 속으로 빠져들게 됩니다. 이 젊은이의 희생으로 전 인류는 오늘도 맑고 신선한 해를 맞이할 수 있게 됩니다. 신전엔 이렇게 희생된 젊은이의 이름이 수없이 새겨져 있습니다. 이들을 일컬어 '새크라피치오.' 희생이란 말도 여기서 유래된 것입니다.

떨어지는 낙조를 바라보면서 내일에의 희망을 새겨야 합니다. 하산한다고 한숨을 짓거나 탄식할 일은 아닙니다. 그 속의 새로운 의미를 발견할 수 있어야 합니다. 해가 뜨고 지듯, 산을 오르내리면서 우리의 역사, 인류 역사는 계속 발전되어 갑니다. 새 대통령도 이 점을 깊이 통찰해야 합니다.

산의 고독력을
닮자

우리 마을엔 계곡을 따라 여기저기 평상이 놓여 있습니다. 혼자 자연에 묻혀 낮잠도 자고 명상도 하고 기획 구상이나 책을 읽는 혼자만의 공간입니다.

산행은 여럿이도 즐겁지만 산의 깊은 맛을 알려면 역시 혼자여야 한다는 게 내 생각입니다. 그래야 비로소 자기가 보입니다. 바쁜 도시 생활에서 잃어버린 자신을 만날 수 있는 행운도 혼자라야 합니다. 절이나 수도원이 산중에 있는 것도 그래서일 것입니다. 맑은 정신으로 기획 구상, 주의 집중 역시 혼자여야 한다는 게 내 경험입니다. 나는 짧은 글이면 아무 데서나 잘 씁니다. 그러나 책을 집필하거나 깊이 생각을 가다듬어야 할 적엔 반드시 산속 깊이 혼자 은거합니다. 누구든 옆에 얼씬거리면 벌써 주의가 산만해서 글 속에 빠져들 수도 없거니와 사고의 흐름이 끊겨 버립니다. Flow 상태에 몰입하려면 역시 산중이어야 합니다. 도심에선 아무래도 방해요인이 많습니다. 더구나 나처럼 주의가 산만해지기 쉬운 사람에겐 도심에서의 깊은 집중은 불가능에 가깝습니다. 산중에, 그것도 철저히 혼자여야 합니다. 이것이 고독력입니다. 난 이 말을 참 좋아합니다. 이것은 물론 가벼운 외로움과는 차원이 다릅니다. 혼자 방에 죽치고 앉은 사람은 고독합니다. 이건 고독감, 영어로는 'Loneliness'라고 합니다. 그러나 혼자일 수 있는 힘, 혼자이기에 더 강하고 더 정신적인 일을 잘 할 수 있는 능력이 고독력입니다. 영어에선 'Solitude'라고 하지요. 나를 돌아보고 세상을 두루 볼 수 있는 혜안이 이에서 비롯됩니다. 영적인 교감, 우주적 감각과 공명하려면 산속 고독력을 닦아야 합니다. 고맙게도 내겐 그런 곳이 참 많습니다. 봉평 허브나라 내 서재는 아예 숲 속 나무에 걸쳐 있습니다. 선마을 내 서재, 박달재 리솜 그리고 수유리 아카데미하우스도 사색하고 글쓰기에 더없이 좋은 곳입니다. 산은 혼자입니다. 그러나 만고에 흔들리지 않습니다.

한국의 산이
천재를

60년대 초만 해도 우리 수준은 세발자전거도 제대로 만들 기술이 없었습니다. 전쟁이 휩쓸고 간 폐허, 지하자원 하나 없는 나라에 어떻게 이런 기적을? 세계 제일의 첨단 IT산업에서 중공업까지. 누구도 상상조차 할 수 없었던 기적을 일구어냈습니다.

도대체 그 기적의 힘은 무엇일까요? 무엇보다도 한국인의 두뇌가 세계적 천재 수준이라는 게 학계의 공통된 의견입니다. 그리고 기마민족 특유의 겁 없는 도전성, 무교적 기질의 신명성, 정착농경의 근면성, 그리고 우리의 끝없는 상향성上向性의 민족성이 뒷받침하고 있습니다.

한국인의 천재성은 어디서 왔을까요? 그 기원이 한국의 산이라면 놀라겠지요. 천재학 연구에 의하면 천재는 아무 데서나 나는 게 아닙니다.

풍토적으로 '경관이 좋아야' 한다는 게 첫째 조건입니다. 한국의 산을 보세요. 사계절의 오묘한 변화만인가요. 그 오밀조밀한 산들의 높고 낮은 실루엣, 금수강산이란 표현이 결코 과장이 아닙니다. 한국의 산만큼 아름다운 산은 세상 어디에도 흔치 않습니다. 둘째 조건이 공기가 맑아야 합니다. 산중의 공기는 지금도 맑다 못해 아주 답니다. 끝으로 아이들이 영적 자극이나 휴식을 취할 수 있는 곳이 많아야 합니다. 성당, 교회, 미술관, 박물관 등이 도처에 즐비해야 합니다. 한국엔 발길 닿는 곳에 사찰이 있습니다. 아일랜드는 인구 400만 남짓한데 노벨상이 40여 명이나 됩니다. 그곳 풍광이며 공기는 세계적입니다. 도처에 성당, 박물관이 즐비합니다.

해마다 헬싱키 대학이 지능지수 발표를 합니다. 싱가폴이 103점으로 1위, 한국이 2위 102점입니다. 수학·과학경시대회에는 한국 학생이 언제나 세계 정상권입니다. 기능올림픽 16연패라는 경이적 기록, 한국인의 우수성은 이젠 세계가 인정합니다. 세계적인 기업의 R&D 부분은 모두 한국에 모여 있습니다. 지금 미국 가정은 한국식 교육을 모델링하고 있습니다. 한국인 두뇌의 우수성은 이제 세계학회가 인정합니다. 결론은 간단명료합니다. 우수하지 않고는 이런 기적을 일구어낼 순 없습니다.

국가경쟁력에서 세계 3위. 아무런 인프라 없이 맨땅에서 시작한 한국 근대화, 역사학자들은 세계 4대 혁명의 하나로 한국의 근대화 혁명을 듭니다. 영국의 산업혁명, 프랑스 시민혁명, 미국의 경제혁명 다음이 우리의 기적 같은 근대화 혁명이라니 놀라지 않을 수 없습니다. 이런 성공은 한국인의 우수한 두뇌 없이 불가능한 일, 그리고 그 우수한 두뇌가 한국의 아름다운 산이 배경이라니 놀랄 일 아닙니까. 이렇게 아름다운 세계적 명산들을 개발이라는 이름으로 망가트리고 있습니다. 무슨 길이 그렇게 많아야 하는지. 그 깊은 산골까지 웬 4차선 도로일까요? 도대체 여기에 왜 길을 만들어야 했을까요? 소시민의 좁은 소견으로는 이해가 안 가는 샛길이 너무나 많습니다. 문제는 새 도로를 막을 세력이 없습니다. 지자체나 지방, 국회의원들은 실적을 쌓아 좋고 산골사람 보상 받아 좋고 사람들은 편리해서 좋고 도로공사는 일감이 있어 좋고……. 오늘도 이 아름다운 강산은 벌겋게 조각 나고 있습니다. 한국인의 두뇌가 조각이 나는 느낌입니다.

산으로
돌아갑니다

70년 전후로 해서 도시화, 산업화 물결과 함께 도시로 몰려오면서 한국의 도·농 인구는 순식간에 역전되어 버렸습니다. 산골 학교만인가요. 시골 간이역도 하나둘 문을 닫습니다. 도시는 사람들로 넘쳐납니다. 자본주의, 산업주의는 필연적으로 사람들을 자연으로부터 쫓아냅니다. 농촌은 피폐일로, 개발이란 이름으로 산도 자연도 성할 수 없습니다. 이대로 가면 인간은 어떻게 될까요? 이건 환경론자의 사치스런 걱정이 아닙니다.

더욱 문제는 자본주의 경쟁 논리는 끝이 없다는 데 있습니다. 계속 성장해야 합니다. 더, 더, More 신화에 빠져 있습니다. 더 큰 것, 더 좋은 것, 더 빨리, 더 많이…… 끝이 없습니다. 큰 집을 사면 잔디 깎는 데 시간이 더 걸리고 풀장 관리, 세금…… 결론은 돈을 더 벌어야 하고. 그러자니 일을 더 해야 하고 시간에 쫓겨 친구 한 번 만날 여유가 없습니다. 고독한 성지기가 될 수밖에 없습니다.

그러느라 건강이나 해치지 않으면 그건 기적입니다. 고혈압, 당뇨병…… 결국 공기 좋은 산속으로 집을 옮겨야 합니다. 외딴집이라 불안해 높은 담장, 철책에 CCTV까지. 그래도 밤이면 바스락 소리

8장. 한강의 기적은 산에서

에 잠이 깹니다. 잃은 게 어디 건강뿐입니까. 자본주의 시장 논리라는 이 괴물은 인간으로부터 삶다운 삶을 뺏어갔습니다. 우리는 시를 잃었고 음악, 예술, 인문학까지 실종되어버렸습니다.

처음부터 자연에 묻혀 작고 소박하게 살았다면 최소한 건강만은 지킬 수 있었을 텐데. 부도날 걱정도, 은퇴, 정년 걱정할 것도 없습니다. 자연과의 삶에는 은퇴가 없습니다. 어떤 기업이 80, 90세 노파를 고용해줍니까. 그러나 흙은 당신이 움직일 수 있는 한 언제나 반갑게 맞아줍니다. 대지에 발을 딛고 사는 삶에는 은퇴가 없습니다. 우리 조상은 자연 속에 묻혀 자연과 함께 살아왔습니다. 큰 욕심을 낼 것도 없거니와 욕심 낸다고 뾰족한 수가 나는 것도 아닙니다. 하늘이 시키는 대로 분수대로 살아갑니다.

자본주의는 다투는 세계, 경쟁논리가 주제입니다. 하지만 자연에 묻혀 사는 우리 조상의 자연주의는 지구상 모든 생명체와 나누고 베풀고 삽니다. 돈을 풍요로 착각하면 안 됩니다. 돈 때문에 자연을 파괴하고, 이 아름다운 자연이 다 사라진다면 그때 돈이 무슨 소용이 있을까요? 자본주의는 필연적으로 자연주의로 돌아갑니다. 그 큰 전환이 우리 앞에 다가오고 있습니다.

산은 위대한
자연치유자

이젠 사람들도 '유기농, 자연산' 건강식에 관한 한 웬만한 전문가 수준을 능가합니다. 화학비료, 농약, 유전자 변형…… 얼마나 매스컴에서 떠들어댔던지 가히 공포증에 빠져 있습니다. 어느 것 하나 안심하고 먹을 수 없다고들 난리입니다. 그도 그럴 것이 실제로 농촌에 가보면 밭이 아니라 채소공장 같다는 느낌이 듭니다. 농약을 썼으면 포장이나 깨끗이 치울 것이지 그대로 널부러진 걸 보노라면 솔직히 소름이 끼칩니다. 그게 다 우리 입으로 들어가면 어떻게 될까요? 몸에 처음 들어오는 화학제품이라 뇌가 이를 어떻게 처리해야 할지 혼란에 빠집니다.

요즈음 선마을은 고성군의 생명환경농법으로 재배된 농산물을 쓰고 있습니다. 완벽한 유기농 무공해산입니다. 우리 텃밭도 그 농법에 쓰인 발효비료를 사용하여 농사를 짓고 있습니다. 요즈음은 농산물 유통업체에서도 이 문제에 관한 한 통제를 철저히 해주고 있어 다소 마음이 놓이긴 하지만 생산자 의식은 아직도 옛날 그대로가 많아 걱정입니다. 제초제 한번 뿌리면 잡초가 싹 없어집니다. 쉽고 편한 방법이 있는데 왜 달리하겠습니까? 이젠 좀 비싸도 좋은 품질을 고르는 소비자의 안목과 각오가 있어야 생산자 의식이 바뀝니다.

여기서 다시 자본주의의 자연주의 회귀론이 대두합니다. 농산물을 못 믿겠거든 자연으로 돌아가야 합니다. 깊은 산골에 작은 농장이라도 마련, 내 손으로 직접 짓는 수밖에 없습니다. 아니면 아예 산골로 들어가 내 눈으로 확인한 농산품을 구입하면 됩니다. 내가 못 지어도 뒷집 할매가 텃밭에서 키운 상추, 산에서 뜯어온 산나물이면 안심할 수 있습니다.

얼마 전 『숲에서 암을 이겨낸 사람들』이라는 저서를 감수했습니다. 선마을 암환우들의 이야기를 참고하여 감수한 책이지만 참으로 인상적이었습니다. 암 말기라 병원에서 더 이상 해줄 게 없다고 밀려나온 환자들입니다. 모든 걸 체념하고 '죽으러' 산에 들어갔습니다. 나물 먹고 물 마시고 소박한 산중생활이 시작됩니다. 한데 이게 웬걸, 죽질 않는 것입니다. 한 해, 두 해, 이젠 10년, 20년 끄떡없이 잘 살고 있는 것입니다. 인터뷰한 나도 놀랐습니다.

무엇이 이들을 살려냈을까. 모든 걸 체념한 편안한 마음이 첫째일 것입니다. 그리고 맑은 물과 공기, 완전 유기농, 무공해의 소박한 밥상이 이들을 살려냈습니다. 산의 위대한 치유력은 여기서도 유감없이 발휘된 것입니다. 산은 위대한 자연 치유자입니다.

산은 생명
그 자체

산의 치유력에 대한 학술적 연구가 세계적으로 붐입니다. 잘 알려진 피톤치드, 음이온, 맑은 공기에 대한 의학적 검증도 많이 나와 있습니다. 실제로 면역세포 즉 항암기능이 큰 NK세포가 증식한다는 보고가 있습니다. 산에 오면 머리가 사뿐해지는 것도 온갖 방향제와 맑은 공기 탓입니다. 산에 오면 누구나 마음이 차분해지는 것도, 여기가 쾌적, 평화 호르몬인 세로토닌의 보고라는 사실도 여러 차례 언급되었습니다.

새소리, 물소리, 산들바람, 풀벌레 울음. 학자들은 이런 자연의 소리를 1/f 리듬으로 표현합니다. 이 리듬은 자연에서 들리는 파동으로서 클래식 음악이나 태교음악에서도 많이 쓰이고 있습니다. 왜냐하면 이게 자연계의 생명적 파동이기 때문입니다. 이 소릴 들으면 마음이 편안해지며 뇌파엔 알파파, 뇌에는 엔도르핀까지 분비됩니다. 이 리듬의 특징은 일정한 듯하면서 일정하지 않은 묘한 파장입니다. 새들의 지저귐도 얼른 듣기에 규칙적인 것 같지만 자세히 들어보면 높은 음, 낮은 음, 긴 놈, 짧은 놈 아주 불규칙적입니다. 하지만 전체적으로는 절묘한 조화를 이루어 사람 마음을 그지없이 편안하게 해줍니다.

자연계는 같은 것 같으면서 같은 게 없습니다. 멀리서 보면 푸른색 수풀이 하나로 어우러져 있지만 산속에 들어가보면 나무 하나 같은 게 없습니다. 그뿐인가요. 같은 나무에도 가지며 잎 모양까지 어느 하나 같지 않습니다. 하지만 서로가 다른 것들이 모여 '나무'라는 전체를 이루고 있으며, 우리는 이를 '나무'라 부릅니다. 나무를 잘라보면 나이테가 동심원을 이루어 겹겹이 쌓여 있습니다. 하지만 굵기며 간격이 다 다릅니다. 이런 불규칙성이 사람 마음을 편안하게 해줍니다. 사람이 그린, 일정 규격과는 차원이 다릅니다.

자세히 보노라면 바람 한 점 없는 이 순간에도 나뭇잎은 조용히 흔들리고 있습니다. 이 역시 1/f 흔들림입니다. 자연계는 그야말로 1/f 파동, 진동, 리듬, 흔들림으로 이루어져 있습니다. 자연이 우리에게 편안감을 주는 건 여기에서 비롯됩니다. 산도 멀리서 보면 그냥 산이지만 가까이에서 보면 바위 모양에서 배치에 이르기까지 어느 한 구석 같은 곳이 없습니다. 모퉁이 돌면 전혀 다른 산이 되어 우리 앞에 나타납니다. 높은 산, 낮은 산이 있고 생김새가 다 다릅니다. 그리고 계절마다 산은 완전히 새로운 산으로 바뀝니다. 아침이 다르고 저녁이 또 다릅니다. 한국인의 감성적이고 다양한 개성은 산을 닮아서입니다. 맑은 공기가 두뇌발달에 결정적 역할을 해왔습니다. 등 뒤로 들리는 절의 저녁 종소리는 또 얼마나 그윽한가요. 영적인 공감이 절로 일어납니다.

이뿐이 아닙니다. 약용으로 쓰이는 고산식물의 생약 연구도 단연 한국이 선두주자입니다. 산나물, 버섯, 맑은 계곡물…… 끝이 없습니다. 산은 생명 그 자체입니다.

산골
인정

산을 떠나 도시로 몰려온 사람들에게 제일 그리운 건 산골의 푸근한 인정문화일 것입니다. 산골은 지금도 빈한합니다. 하지만 푸근한 인정은 지금도 살아 있습니다. 영악하고 깍쟁이 같은 도회 인심에 식상할수록 산골에의 그 따뜻하고 푸근한 인심이, 인정이 그리워집니다. 인정이란 말이 다른 나라에도 있는지 몰라도 우리 한국의 인정문화만큼 아름답고 인간적인 게 달리 없을 성싶습니다. 그래서일까요. 요즈음 TV에도 감동적인 산골 인정이 자주 방영되곤 합니다. 메마른 도시 인심의 반향일 것입니다. 도시화되고 인심이 아무리 사나워진다 해도 우리의 아름다운 인정문화만은 살아 있어야 할 텐데, 이런 아쉬움이 어디 나뿐이겠습니까. 모두들 인정에의 향수를 가슴에 품고 있지만 야박한 도시생활이 그럴 여유를 주지 않습니다.

그래도 산골 고향 마을엔 인정이 살아 있습니다. 명절 민족대이동의 긴 행렬도 어쩌면 인정에 목마른 사람들의 향수 때문일 것입니다. 그 막히는 도로에 몇 시간을 갇혀 있어도 모두들 즐거운 표정인 것도 그래서일 것입니다. 여느 때 같으면 짜증이 폭발했을 텐데 귀향길 설렘이 마냥 즐겁기만 합니다.

세로토닌 문화기행을 가는 곳은 주로 영주, 봉화 같은 깊은 산골입니다. 담장도 없이 탐스런 사과가 골목에 그냥 축 늘어져 있습니다. 원두막도 없는 수박이 줄지어 익어 있고 포도밭도 그냥 활짝 열려 있습니다. "우리에게도 아직 이런 곳이 남아 있구나." 일행이 감탄을 합니다. 소백산 골짝을 더 올라가노라면 쓰러지듯 지붕 위에 박이 열려 있고 앞니 빠진 할매가 부엌에서 기어나옵니다. '아! 저 웃음!' 인정스런 웃음을 머금고 불쑥 삶은 감자 바구니를 내밉니다. 그리곤 물 뜨러 개울가로 가는 발걸음이 바쁩니다. 골짝 인심 이야길 하다 보니 팔공산 털보영감 생각이 납니다.

맑은 가을 날씨가 탈을 불렀습니다. 풋영감 몇이서 그날 따라 안 가던 길을 따라 파계사 뒷산을 넘었습니다. 한데 시월에 이게 무슨 변덕인가요. 갑자기 눈보라가 치더니 앞을 분간할 수 없습니다. 슬슬 기다시피 내려가는데 저만치 외딴집이 보입니다. 후유~ 작은 가게 안으로 들어서니 난롯불이 켜져 있고 떡이 모락모락 김을 내고 있습니다. 이게 웬 떡인가? 한데 주인이 없습니다. 점심도 굶은 배가 꼬르륵 소리를 내는데 눈을 털며 한 영감이 들어섭니다. 일행을 둘러보더니 "보아하니 아무도 없는데 이 떡 먹어치웁시다." 그리곤 자기가 먼저 하나를 집어먹습니다. 와! 순식간에 동이 났습니다. 그런데도 주인이 나타나지 않습니다.

"주인은 왜 찾소?"

털보영감이 물어옵니다.

"라면이라도 한 그릇 먹어야 하는데 주인이 있어야죠."

"내가 끓이죠."

드디어 라면이 나왔습니다. 와! 그 맛이라니!

"영감이 이집 주인이오?"

"주인이 아니면 이런 날씨에 누가 여길 오겠소?"

"잘됐다. 계산이나 해주시오. 한데 영감, 떡값 계산이 안 됐네요."

"허허 이런 딱한 사람들, 아니 훔쳐 먹은 떡값을 누가 낸단 말이오? 마누라 오기 전에 길이나 서두르시오."

난 요즈음도 외딴 산골 집을 보노라면 그 넉넉한 유머와 함께 털보영감의 익살이 떠오릅니다.

새들은
왜 웃지 않을까?

얼마 전 세계적인 명상 대가 스님과 선원에서 대담을 한 적이 있습니다. 세계 3대 구루 중 한 분이라 은근히 긴장이 되었습니다. 막상 마주하고 보니 그렇게 편할 수 없습니다. 우선 그는 만면에 웃음 띤 얼굴로 나를 맞았습니다.

그의 힐링 3대 원칙은 첫째 휴식Relax, 짧은 명상이면 좋겠고 어쨌든 긴장을 풀어야 한다는 것. 둘째 미소와 웃음Smile & Laugh, 언제나 웃음띤 얼굴을 짓고 크게 웃어야 한다는 것. 셋째 재미Fun, 재미있게 살아야 한다는 것. 이게 다였습니다. 명상 대가치곤 너무 단순합니다. 권위 있는 이야기를 기대하고 간 나에게도, 그리고 대담을 주선한 잡지사도 적이 실망입니다. 하지만 곰곰이 생각하니 이것 말고 무슨 힐링이 달리 있으랴 하는 생각이 들었습니다.

내가 속을 솔직히 털어놓았더니 그는 또 껄껄 웃으면서 말을 잇습니다. 이 간단한 원리를 잘 모르는 사람도 있고 실천을 못하는 사람도 있어 안타깝다고 합니다. 특히 한국은 워낙 빨리 빨리 사회여서 릴렉스하기가 쉽지 않을 거라며, 산이 그 해결책이란 말을 잊지 않았습니다.

객소리 한마디하겠습니다. 도심의 새들이 쫑알대는 사연을 알 것 같습니다. 온갖 공해와 소음 속에 사람도 이리 짜증스러운데 새라고 어찌 편하겠습니까. 눈만 뜨면 클랙슨 소리에 짜증이 나 조잘거릴 수밖에 없을 것 같습니다. 지저귄다는 표현은 점잖긴 하지만 짜증스런 새들 속마음을 잘 표현한 것 같진 않습니다. 그래서 새들이 운다고 표현한 것일까요?

어쨌든 도심의 새들이야 그렇다 치더라도 이 좋은 산에 사는 새들조차 왜 울기만 할까요? 뻐꾸기 울음만 해도 그렇습니다. 아름다운 저녁에 울긴 왜 울어? 짝을 찾느라 운다는데 그런 미친 짓이 어디 있어. 짝을 찾으려면 애교도 부리고 웃어야지 왜 울어? 징징 울기만 하는 놈을 누가 좋아하겠어? 징그러워서도 달아나겠습니다. 내가 듣기엔 내 서재 앞 참수리나무에 앉은 저 새들이 아무리 봐도 싸우는 것 같지는 않습니다. 여름이라 먹이도 풍부하고 집도 널널한데 싸우긴 왜 싸우고 울겠습니까? 정담을 나누며 한가한 시간 깔깔대고 웃는 것 같은데 어느 누구도 새들의 웃음에 대한 이야기가 없습니다. 저놈들이 걱정, 스트레스가 있는 것도 아닐 테고 산중이라 인간이란 무리들이 만든 공해도 없고, 도대체 울어야 할 이유가 없지 않습니까. 애상조의 한국인에겐 울음으로 들리는 모양이지만 서양사람은 새들이 노래한다고 듣습니다. 울기보다 그게 좀 나은 것 같습니다. 그러나 서양에도 웃는다는 새는 없습니다. 울음, 지저귐, 노래…… 그런 말 다 두고 왜 오늘 내겐 저 새들이 즐겁게 웃고 있는 걸로 들릴까요? 역시 나는 산이 좋은가 봅니다.

한국의 기적은 계속될 것인가?

한강의 기적은 한국인의 머리가 좋아서 가능했다고 합니다. 좀 더 자세히 들여다볼까요? 기적의 토대를 만든 주역들은 누구인가? 1960~70년대에 20~30대였던 젊은이들입니다. 이들의 어린 시절을 생각해봅시다. 대개가 시골, 산골 출신입니다. 찢어지게 가난했습니다. 놀이기구란 아무것도 없고 모든 건 제 손으로 만들어야 했습니다. 방 안에 있어봐야 아무 재미가 없으니 산으로, 들로 뛰쳐 나왔습니다. 물론 밖에서도 놀잇감이라고는 별게 없습니다. 맨땅에서 깔깔대며 놀 수밖에 없습니다. 무에서 유를 창조해낸 기적은 여기서 출발합니다. 기능올림픽 연승도 여기서 비롯됩니다.

우리에게 희망은 공부 열심히 하여 잘살아보자는 열망뿐이었습니다. 우리에게 이것은 절박한 과제였습니다. 요즈음 아이들도 공부에 대한 열정은 그때보다 더합니다. 다른 것이 있다면 성적에 대한 집착 부분입니다. 부모도 학생도 선생님도.

머리가 좋은 것과 성적이 좋은 건 같이 가는 것이 아닙니다. 먼 장래를 볼 때 성적보다 머리가 좋아야 합니다. 그래야 어떤 시대, 어떤 상황에도 적응할 수 있는 인재가 될 수 있습니다.

성적이 좋은 아이가 되려면 책상에 붙어 앉아 머리만 쓰게 됩니다. 뇌과학적으로는 전두엽의 작업 기억과 측두엽 사이의 회로만 활성화 할 뿐 다른 모든 뇌 부위는 주의집중을 위해 잠잠합니다. 신체는 물론 완전 휴식입니다. 성적은 오를지 몰라도 머리가 좋아지지는 않습니다.

머리가 좋아지려면 자연에 뒹굴며 잘 뛰어놀아야 합니다. 그래야 전뇌, 전신 활성화로 머리가 좋아집니다. 요즈음 아이들 공부하는 걸 보면서 한강의 기적은 계속될 것인가 하는 걱정이 안 들 수 없습니다. 들판에 축구 놀이 하는 아이들을 생각해보세요. 공을 잡는 순간 내가 몰까, 패스할까, 운동장의 적군, 우군의 위치 등이 머릿속에 순간적으로 들어옵니다. 통찰력이 생길 수밖에 없습니다. 남은 경기 시간, 풍향, 속도…… 생각해보아야 할 요인들이 한둘이 아닙니다. 온 머리를 다 써야 합니다. 뇌는 계속 팔, 다리, 전신 근육에 운동, 지각 신경을 총동원, 지령을 내려야 합니다. 이 모든 게 순간적으로 되어야 합니다. 머리가 좋아질 수밖에 없습니다.

요즈음 우리 아이들의 자라는 모습을 보면서, 한강의 기적은 계속될까? 내가 이런 걱정을 하는 사연이 이해되었으면 좋겠습니다.

에필로그

어정쩡한 대로 끝낼 수밖에 없을 성싶습니다. 할 이야기가 아직도 많이 남았는데 내 재주로는 더 이상 풀려나오지 않습니다. 산 이야기를 쓰기엔 내 인간적 깊이나 무게가 감당할 수 없다는 결론인 것 같습니다. '자연에의 외경심'을 그리고자 한 게 겨우 뒷동산을 오르다 만 형국이 되었습니다. 붓을 놓으려니 부끄럽고 한편 아쉬운 건 그래서입니다.

내게 산의 그림자나마 가르쳐준 건 역시 선마을입니다. 도시인에게 산을, 자연을 돌려주자, 그리하여 그 위대한 산의 힘으로 도시인의 생활습관병을 예방·치유하자는 게 우리 선마을의 설립이념이자 철학입니다. 초창기엔 이 뜻을 주위사람에게 이해시키기가 무척 힘들었습니다. 고맙게도 대웅을 비롯한 풀무원 등 건강관련 기업에서 내 뜻에 공감, 지원을 해주었습니다.

특히 경영 책임을 맡은 대웅제약의 윤재승 부회장의 폭넓은 이해와 인내가 오늘의 선마을 전통이 확립되는 데 결정적 역할을 해주었습니다. 산을 산같이 지켜주었고 경영이 어려운데도 우리의 순수한 이

념을 그대로 살려 산이 주는 힐링의 세계적 명소로 자리매김한 것입니다. 감사합니다. 정부 산림청에서도 이런 노고를 인정, 대통령 표창까지 해주었습니다.

졸저를 읽고 이제 산은 그냥 산이 아니구나 하는 생각이 독자들 마음에 자리했으면 그로써 큰 보람이겠습니다.

시원찮은 글을 기꺼이 출판해주신 자음과모음 스태프들에게 깊이 감사드리면서 책에서 못다한 이야기는 북 카페에서 마저 할 수 있도록 마련해주시기 부탁드립니다.

내게 산에의 영감을 깨우치게 해준 기관들이 많습니다. 산림청, 산림과학원, 산림치유포럼, 선마을, 숲해설가협회, 녹색문화재단, 봉평 허브나라, 세로토닌문화 모두에게 감사를 드립니다.

못난 글에 웃지 않고 선뜻 추천사를 써주신 엄홍길 대장, 김효선 작가의 후의는 잊지 않겠습니다. 끝으로 조용한 그림으로 졸저를 산같이 다듬어주신 김양수 화백의 우의에 감사드립니다.

이젠,
다르게 살아야 한다
ⓒ 이시형 2013

초판 1쇄 발행 2013년 1월 25일
초판 7쇄 발행 2017년 10월 10일

지은이 이시형 **펴낸이** 정은영
편집 사태희 **디자인** 신경숙 이영민
제작 이재욱 박규태 **마케팅** 이경훈 한승훈 정주원 윤혜은

펴낸곳 (주)자음과모음
출판등록 2001년 11월 28일 제2001-000259호
주소 04083 서울시 마포구 성지길 54
전화 편집부(02)324-2347, 경영지원부 (02)325-6047
팩스 편집부(02)324-2348, 경영지원부 (02)2648-1311
이메일 jamoteen@jamobook.com

ISBN 978-89-5624-402-0 (13810)

이지북은 (주)자음과모음의 자기계발·경제경영·실용 브랜드입니다.
저자와의 협의하에 인지는 붙이지 않습니다.